花を美しく包むテクニック
実践フラワー
アレンジメント
ラッピング

林 芳久

CONTENTS

FLOWER
ARRANGEMENT
WRAPPING

[目 次]

CHAPTER 1

4　はじめに

6　ラッピングが
　　美しくできるアイテム

8　1カットでできるスピードラッピング！

10　ワックスペーパーで包む

13　ストライプのフィルムで包む

16　不織布のシートで包む

19　和紙で包む

22　ネットとフィルムで包む

25　ドット柄のフィルムで包む

28　メタリックのフィルムで包む

30　不織布とメタリックフィルムで包む

33　コラム　ハンドタオルベアー

CHAPTER 2

36　アイデアいっぱいアレンジメントラッピング

38　形が崩れにくいフィルムの包み方｛あて板を使って｝

41　スチレンボードを使ったあて板の作り方

45　小さなあて板を使った持ち運べるラッピング

47　あて板で持ち運びしやすいリースラッピング

50　ディスプレーできるリースラッピング

53　枕花を包む

56　バッグを使って包む

58　ラミネート加工の不織布で包む

60　手ぬぐいで包む

63　葉物で包む

65　コラム　カードを贈るアイデア

CHAPTER 3

68　さまざまなシーンで使えるラッピング

70　テトラ型コサージュケース

74　リボンで楽しむハロウィン

77　ラウンドボックスを包む

79　ギフト券を包む

81　フラワーベースを包む1

84　フラワーベースを包む2

87　ハンバーガーペーパーで包む

89　バラで包む

91　ボトルを包む1

94　ボトルを包む2

97　コラム　ラッピングとの出会いと思い

CHAPTER 4

98　アレンジメントに役立つリボンワーク

100　パーツに使える蝶結び1

101　パーツに使える蝶結び2

102　重ねリボン

103　クラウン結び

104　コマ結び

105　ダブル縦リボン

106　几帳結び

108　投げ縄結び

109　資材一覧

112　著者プロフィール

はじめに

本書はお花に携わるすべての人たちがより貢献できるフラワーラッピングの方法、特にアレンジメントに特化したフラワーラッピングでありながら、なにより現場の視線に合わせた実践的な内容にこだわりました。コンセプトはより効率よく簡単に無駄の無いラッピング、そして新しいギフト提案です。ペーパーのカットを1回で済ませることで手間を省く、身近にある事務小物用品やマスキングテープなどを使うなど、今まで以上に新しい目線での提案です。あまりデコラティブでなくシンプルでありながら、効率のよさを要点に考えた作品を表現してみました。「フラワーアレンジメント」のラッピングだからこそ、大事にギフト提案を行って欲しい、そんな思いが私にはずっとあります。リボンを装飾だけではなく、アレンジメントの花材の一部と捉えることや、花器のオリジナリティを高めるためにラッピングペーパーを効果的に活用して欲しいと思っております。このリボンとペーパーのバランスにより、今まで以上に新しい「フラワーアレンジメント」のギフトが生まれます。今回はアレンジメント以外にもリースや雑貨など、花とともに販売できる新たなギフト商品のラッピング提案もしています。本書が皆様のフラワービジネスにより貢献できることを願ってやみません。

林 芳久

TOOLS FOR WRAPPING

ハサミ

紙やリボンをカットするのに、ハサミは必ず必要なアイテムです。上はワイヤーをカットするのに向いているハサミ。ワイヤーだけでなく、ワイヤー入りリボンや厚手のリボンのカットにおすすめ。下のハサミは、刃が曲線を描いているため、重心が低く真っ直ぐ切れるラッピング向けのハサミです。切れ味がよく、薄い紙を真っ直ぐカットするのにとても便利です。

ラッピングが
美しくできるアイテム

きれいなラッピングの仕上がりには、道具の存在もとても大切です。
美しい仕上がりのために必要な道具や
便利なアイテムをご紹介します。

ピンキングハサミ

ピンキングハサミは何よりリボンの処理に便利なハサミです。リボンの糸がほつれにくくなり、仕上がりもきれいです。右はギザ刃といわれる、刃がギザギザしたもの。左は丸刃といわれるもの。それぞれ写真のように切り口の形が異なります。丸刃は刃の向きを逆にすることで、P.72で紹介するような使い方もできます。

ピンキングハサミ（丸刃）　　　ピンキングハサミ（ギザ刃）

定規

紙やリボンの長さを測ったり、まっすぐ切るために必要なものです。印を付けるためにも使えます。

両面テープ

リボンをデコレーションしたり、ペーパーを固定したりするのに両面テープはとても役立ちます。上は文具用として販売されている1.5cm幅のもの、下はホームセンターなどで販売している幅が細いタイプのもの。細い幅の両面テープは、細いリボンや細かな部分に使うときに便利です。

メジャー

定規と同じ使い方ができますが、リボンなど長く使いたいものの長さを測るとき、狭いスペースでの計測などにはこちらが便利です。

ダブルクリップ

ターンクリップなどともいわれる文具用のクリップです。本書ではあて板にアレンジメントを固定するゴムを留めるために使います。

マスキングテープ

少し前まではマスキングテープというと建築現場やアートの現場での養生用のテープとして知られていましたが、数年前から文具アイテムとしてカラフルでかわいいものが増えています。和紙で作られたテープは、一度貼ってからはがすこともできます。ラッピングではセロハンテープがはがれてしまうワックスペーパーに貼ったり、カラフルな色やモチーフを生かしてシール代わりに使うなどさまざまな使い方ができます。幅も細いものから太いものがありますので、好みや用途で選びましょう。

マスキングテープは手で切ることもできますが、専用のテープカッターを使用すると使いやすいです。

※その他、本書ではセロハンテープやホチキスを使用しています。また、制作ページでは写真でわかりやすいようセロハンテープ部分を色のついたマスキングテープや透明のOPフィルムをプリント柄のOPフィルムを使用して解説しているページもあります。

1カットでできる
スピード
ラッピング！

SIMPLE ARRANGEMENT WRAPPING　CHAPTER 1

いつもと違うラッピングをしたいけれど
時間をかけられない、
繁忙期には事前に用意できるラッピングがしたい、
そんな忙しいフローリストに
おすすめのラッピングテクニック。
ペーパーを1回カットするだけ！
簡単、スピーディーですぐに役立つテクニック。

CHAPTER 1

1

SIMPLE
ARRANGEMENT
WRAPPING

ワックスペーパーで包む

砂糖菓子のような質感の
ワックスペーパーで
爽やかに

FLOWER & GREEN　バラ'アヴァランチェ+'、カラー'グリーンゴッデス'、ナデシコ'テマリソウ'、アルスト
ロメリア'リバティ'、アワ、ローズマリー、レザーファン、リキュウソウ

ラッピングペーパーで一般的な70cm幅のペーパーを使ったラッピングです。
高さのあるアレンジメントに向いているスタイルです。
ワックスペーパーはセロハンテープが貼り付けられないため、
マスキングテープを使って制作しています。

[材料]

ワックスペーパー（メロン）　70cm幅　60cm
ワイヤー入りリボン（ブラウン）　38mm幅　120mm
リーフ柄のリボン　25mm幅　120mm
アレンジメント　高さ60cm×横25cm×奥行き25cm
マスキングテープ（水玉柄）　30mm幅
マスキングテープ（シルバー）　6mm幅
小枝　15cm

CHAPTER 1　1

SIMPLE ARRANGEMENT WRAPPING

[HOW TO MAKE]

❶ ペーパーを縦長に置き、アレンジメントを左右は中心部分、正面は花器の高さの位置に置く。

❷ 正面の紙の左右をそれぞれを中心に向かってしっかり折り、右側を前にしマスキングテープで貼る。

❸ アレンジメントの後ろ側のペーパーの中心を持ち立ち上げる。

❹ ❸の手をそのままにし、押さえた中心部分へ向かって左右の紙を寄せタックを作る。

❺ タックの深さは3cm程度で、上から下へやや末広がりになるようにする。

❻ ❺のタックを左右ともにそれぞれ指で折り跡をつける。

❼ タックの上部の高さを揃えてマスキングテープを貼り、テープを貼ったところから5、6cmくらい下にも貼る。

❽ 後ろから見てアレンジメントの左側に余っている紙を左右のそれぞれの手で持つ。

CHAPTER 1　SIMPLE ARRANGEMENT WRAPPING

[HOW TO MAKE]

❾ それぞれアレンジメントの前方向へ折り跡をつけながら、折り込む。

❿ ⑨の折った部分をマスキングテープで貼る。

⓫ 正面側の余っているペーパーを後ろ側に折り込み、⑩の部分に重なるようにマスキングテープで貼る。右側部分も⑧〜⑪を同様に行う。

⓬ アレンジメント正面の紙を写真のようにふんわりと折り返す。反対側も同様に。

⓭ ワイヤー入りリボンとリーフ柄のリボンを重ねて、輪を作る。

⓮ 輪を縦に3つ作り、後ろに小枝を添える。

⓯ 小枝とリボンを6mm幅のマスキングテープで巻き留めて、アレンジメントに入れて仕上げる。

[POINT]　ワックスペーパーで包む

① ワックスペーパーはセロハンテープだと貼ることができませんが、マスキングテープだとしっかり貼ることができます。見える部分のマスキングテープはペーパーに合わせてコーディネートするのがおすすめです。

② 2種類を重ねたリボンを1種類に見せたいときは、両面テープなどで貼ります。ここではリーフ柄のリボンの動きを楽しむために、あえて貼らずに重ねています。

[このラッピングに向いているペーパー類]

紙を立たせたり、折り跡をつけるため、張りのある紙が向いています。
ワックスペーパー以外では、クレープ紙や厚手のクラフト紙、ラミネート加工してある不織布など。

CHAPTER 1 / 2
SIMPLE
ARRANGEMENT
WRAPPING

ストライプの
フィルムで包む

シックなモノトーンの
ストライプで、
モダンでクールに

FLOWER & GREEN　モカラ、クルクマ、ポリシャス、カラジューム、コバンソウ

鮮やかなピンクのランとモノトーンのストライプが印象的なラッピングです。
ペーパーの使用量は少ないですが、プリントのインパクトで
簡単にモダンなイメージが作れるテクニックです。

[材 料]

OPプリントフィルム（ストライプ）　70cm幅　10cm
サテンリボン（赤）25mm幅　30cm
アレンジメント　高さ20cm×直径10cm
両面テープ

[HOW TO MAKE]

❶ OPプリントフィルムは柄を裏にして広げてアレンジメントを上にのせ、花器の直径でフィルムをカットする。ここではアレンジメントの直径が10cmなので10cm程度にカットした。

❷ ①のフィルムを柄が裏になるようにし、前から花器の高さの2倍くらいの位置にアレンジメントを置く。写真のように花器の高さでフィルムを折り返してアレンジメントを置く位置を決める。

❸ フィルムを広げ、両端に両面テープを貼り付ける。

❹ フィルムの前側は両面テープの剥離紙をはがし、花器の下に折り込む。後ろ側は剥離紙をはがさずにフィルムを折り、アレンジメントの高さより少し高いくらいの位置に調整する。（ここではアレンジメントより2cm位高いところで折る。）適切な高さを決めてから剥離紙をはがし、フィルムを折る。

❺ 花器の正面の中心に両面テープを貼る。

❻ フィルムを⑤に貼り付け、後ろ側のフィルムを立てる。後ろ側は両面テープで固定しない。

❼ サテンリボンを花器の縁に巻きつける。リボンで後ろ側のフィルムが立ち上がる。

❽ リボンをコマ結びする。

CHAPTER 1
2
SIMPLE ARRANGEMENT WRAPPING

[POINT]　ストライプのフィルムで包む

① アレンジメントの後ろ側のフィルムは、アレンジメントよりあまりに高い位置で折り返すとフィルムが安定しないので、バランスのよい高さを見つけましょう。

② 正面側のフィルムは花器に固定しますが、後ろ側のフィルムは固定しなくてもリボンを最後に結ぶことできれいに立ち上がります。

[このラッピングに向いているペーパー類]

背をキレイに立たせるために、
張りのあるペーパーやフィルムがおすすめです。
OPプリントフィルム以外では、クレープ紙やワックスペーパー、
クラフト紙をラミネート加工したものが向いています。

015

SIMPLE ARRANGEMENT WRAPPING

CHAPTER 1

3

不織布のシートで包む

明るいオレンジ色の
ミニアレンジは
元気な同系色で

FLOWER & GREEN　マリーゴールド、ヒマワリ、リンゴ、ポリシャス

この章では1カットのラッピングを紹介していますが、
こちらはすでにカットされているタイプの不織布を使ったラッピングです。
シートをカットする手間がいらないので、イベントなどで大量のミニアレンジメントを手早くラッピングするのに
おすすめのテクニックです。

[材 料]

不織布シート（オレンジ）　30cm×30cm
ペーパーリボン（シトラス）　10mm幅70cm
アレンジメント　高さ13cm×直径13cm
輪ゴム

[HOW TO MAKE]

❶ 不織布を2つ折りにしてから、さらに半分に折る。折り跡がガイド線の役目になる。

❷ ①で折り目をつけた不織布を広げ、花の正面が正方形の角を向くようにアレンジメントを置く。

❸ シートで器を包み、輪ゴムをかける。

❹ 輪ゴムをかけた様子。

❺ ペーパーリボンで投げ縄結びの輪（作り方はP.108）を作り、アレンジメントに通して締めてから、片輪結びをする。

[POINT]　不織布のシートで包む

カット紙が30cm四方のため、高さが低めで直径20cm以内のミニアレンジメントが向いています。

CHAPTER 1
SIMPLE ARRANGEMENT WRAPPING
3

シートの重ね方などで、同じ包み方でもバリエーションをもたすことができます。右側のアレンジメントは不織布のシートを2枚重ねて仕上げています。作り方は正方形の角がそれぞれ出るように重ねてから、P.17と同じように包みました。

[このラッピングに向いているペーパー類]

正方形にカットしてある紙であまり厚くないものなら、どれでもできます。
この作品では不織布特有の質感を生かしてふんわりと仕上げていますが、フィルムなどを使うとまた違う雰囲気に。
不織布とフィルムを重ねたりするのもよいでしょう。

CHAPTER 1

3

SIMPLE
ARRANGEMENT
WRAPPING

和紙で包む

透け感のある和紙で
秋を迎えるラッピング

SIMPLE ARRANGEMENT WRAPPING　CHAPTER 1
4

[SIDE]

FLOWER & GREEN

キク6種、ワレモコウ、タカノハススキ

風合いのある落水紙で包んでいます。
秋が旬のキクに合わせた季節感あふれる和風のラッピングです。
落水紙は柔らかな風合いの紙ですが、
アレンジメントに使っている竹ヒゴに紙を留め付けることで、
帆掛け船の帆のような印象に仕上がります。

[材 料]

麻入落水紙(ナチュラル)　60cm幅　108cm
ワイヤー入りリボン(マスタード)　63mm幅　80cm
ドングリ付きクリップ(ブラウン)1個
ワイヤー#24　1本
アレンジメント　高さ75cm×幅30cm×奥行き17cm

[HOW TO MAKE]

❶ カットする紙の大きさを決めるため、紙をロールのまま広げ前方はアレンジメントの花器の高さよりやや折り返せるくらいの余裕がある位置にアレンジメントを置く。

❷ 後ろ側は花材のもっとも高い位置より軽く和紙を2〜3回転くらいカールさせる程度の余裕を持たせる。

❸ ②の位置で紙をカットする(ここでは108cm)。

❹ カットした紙の上にアレンジメントを戻す。アレンジメントに入っている2本の竹ヒゴに紙をあて、紙と竹ひごをホチキスで固定する。

❺ 上部の余った紙は自然なカールになるように巻く。

❻ アレンジメントの正面は、左右の紙を花器に添わせるように押さえて折る。

きれいに器に添うように折り上げる。　　さらに余っている紙は引っ張ってホチキスで留める。左右同様に行う。

ワイヤー入りリボンでダブル縦リボンを作り、クリップを間に挟む。それをアレンジメントに挿し込む。

CHAPTER 1

SIMPLE ARRANGEMENT WRAPPING

4

[**POINT**]　和紙で包む

① アレンジメントに入っている竹ヒゴを支柱替わりに紙を立たせています。竹ヒゴは高さ54cm、幅22cm程度。

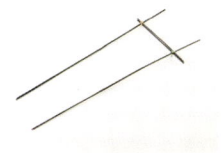

② 自然なカールでふんわりとした仕上がりにするために、柔らかい質感と風合いの落水紙を使っています。後ろのカールした部分はつぶさないように作ること。カールを安定させたいときはセロハンテープなどで端を留めてもよいでしょう。

[このラッピングに向いているペーパー類]

ふんわりとした質感の不織布やペーパー全般が向いていますが、同じように作るためには必ずアレンジメントに支柱を入れて紙を固定しましょう。

021

CHAPTER 1　SIMPLE ARRANGEMENT WRAPPING

ネットとフィルムで包む

うきうきするような
キュートな花色には、
白いネットで
シンプルナチュラルに

[BACK]

FLOWER & GREEN　ガーベラ2種、トルコギキョウ、ナデシコ'テマリソウ'、スモークグラス、ハーブゼラニウム、ヒオウギ（実）、キイチゴ

ネットとフィルムを組み合わせたラッピング。
タックを作ることで、花器やアレンジメントの大きさが変化しても調整しやすいテクニックです。

[材 料]

ネット(ホワイト)　65cm幅　60cm
OPフィルム(#40)　50cm幅　80cm
サテンリボン(水玉)　18mm幅　80cm
アレンジメント　高さ30cm×横20cm×奥行き20cm
マスキングテープ　15mm幅
ホチキス
スケルトンリーフ(ナチュラル・グリーン)　各1枚

[HOW TO MAKE]

❶ 60cmでカットしたネットを横長の長方形に置き、正面のペーパーが花器の高さより10cm程度余裕がある位置に置く。

❷ アレンジメント正面の中心にタックを作り、ホチキスで留める。

❸ OPフィルムを縦長に広げ、アレンジメントをのせる。フィルムの中心部分が②のタックと合うように位置を調整する。

❹ フィルムの高さをアレンジメントの上部で揃えるようにする。

❺ アレンジメントの後ろ側も花器の中心でタックを作る。

❻ ネットがゆるまないように引っ張りながら、⑤のタックをホチキスで留める。

CHAPTER 1
SIMPLE ARRANGEMENT WRAPPING

[HOW TO MAKE]

フィルムを立ち上げ、⑥の部分の上からフィルムも同様にホチキスで留める。

正面側も同様に、フィルムをタックのところでホチキスで固定する。フィルムとネットを立ち上げ高さを合わせる。

⑧で立ち上げたネットとフィルムの角に、サテンリボンを投げ縄結びでつける。

そのまま蝶結びをする。もう一方の角も同様に。

アレンジメント両側面の余っているフィルムは前後をそれぞれ内側へ折り込み、マスキングテープで貼る。

アレンジメント両側面のネットは鋭角に折り上げ、マスキングテープで貼る。

⑫までを行った様子。

アレンジメントの上部にスケルトンリーフをマスキングテープで貼り付ける。

リボンの端を斜めにカットして仕上げる。

[POINT] ネットとフィルムで包む

ネットの幅をフィルムの幅より広くとって包んでいるため、このアレンジメントよりも大きなものを包むこともできます。その場合はタックの量や前側の折り返す量で調整してください。

[このラッピングに向いているペーパー類]

ネット以外では同じような仕上がりにはなりません。
ネットもアレンジメントをしっかり包めるように太い糸で作られた丈夫なものを選びましょう。
ただOPフィルムは薄手のものが作りやすいです。

CHAPTER 1
SIMPLE ARRANGEMENT WRAPPING
5

CHAPTER 1　6　SIMPLE ARRANGEMENT WRAPPING

ドット柄の
フィルムで包む

ドット柄のフィルムとリボンで
いつまでもかわいらしいお母さんへ！

FLOWER & GREEN　カラー、ダリア、カーネーション、アジサイ、キソケイ、ワイヤープランツ

キャンディ包みの変形バージョンです。
包んだフィルムの左右をアシンメトリーに絞り、ボリュームのあるリボンでキュートにまとめています。

[材 料]

HDPプリントフィルム(アップルグリーン)70cm幅　50cm
グログランリボン(オフホワイト)13mm幅　50cm
ドット柄リボン(イエロー)16mm幅・22mm幅　各200cm
シール(母の日)　1枚
ワイヤー　#24　2本
アレンジメント　高さ20cm×直径23cm
セロハンテープ

[HOW TO MAKE]

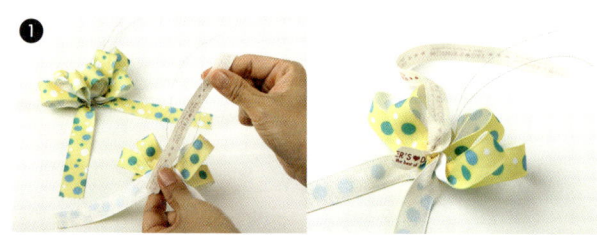

❶ ドット柄リボンとワイヤーでフレンチボウを2つ作る。16mmのリボンで作ったフレンチボウの後ろの中心部にグログランリボンを重ね、ワイヤーでねじり留める。

❷ フィルムはドット柄を裏にして置き、アレンジメントを写真のように、フィルムの中心よりやや左寄りに(大体1/3の場所)置く。

❸ アレンジメントの前側のフィルムを持ち、花器の縁の高さに合うよう余分なフィルムを折る。

❹ ❸で折った部分をセロハンテープで内側に貼り付ける。

❺ アレンジメントの後ろ側も同様に。

❻ アレンジメントの左側のフィルムを前後から中心へ折り、花器の中心よりやや後ろ側でぎゅっと絞る。

❼ ❶の16mmで作ったフレンチボウを❻の部分に付ける。

フレンチボウのワイヤーはクロスしてねじり、ワイヤー2本で輪を作りねじり留める。

アレンジメントの右側も⑥同様に絞り、22mm幅のフレンチボウを⑧同様につける。

左側のフレンチボウに付いているグログランリボンを引っ張り、⑨の絞った部分を広げシールで貼り付ける。

[POINT]　ドット柄のフィルムで包む

① 左右を絞るスタイルは円形の器のラッピングには特におすすめです。花器が多少大きくなっても絞る分量の調整で包むことができます。

② フィルムを絞る部分の大きさが極端に違う方が、ラッピングのインパクトは大きくなります。

CHAPTER 1
SIMPLE ARRANGEMENT WRAPPING
6

[このラッピングに向いているペーパー類]

HDPフィルムやOPフィルム、不織布にラミネート加工したものなど水に強く、破れにくい素材が向いています。
クラフト紙などの薄い素材は絞るときに破れてしまうことがあります。

SIMPLE ARRANGEMENT WRAPPING　CHAPTER 1

メタリックの
フィルムで包む

パステルピンクの
アレンジメントに
キラキラのフィルムで
華やかに

FLOWER & GREEN　トルコギキョウ、ナデシコ（ピンク1種、テマリソウ）、ガーベラ、マトリカリア、ゲーラックス、リキュウソウ

アレンジメントのバスケットを包むスタイルです。メタリックフィルムはシルバーとピンクのリバーシブル。
フィルムを使う量は少ないですが、見た目のインパクトや華やかさは抜群です。

[材 料]

メタリックフィルム(ピンク)70cm幅　17cm
ワイヤー入りリボン(チェック)38mm幅　50cm
グログランリボン(オフホワイト)13mm幅　6cm
アレンジメント　高さ25cm×横16cm×奥行き16cm
両面テープ

※アレンジメントのハンドタオルベアの作り方はP.33。

[HOW TO MAKE]

❶ ワイヤー入りリボンでバタフライボウを作り、グログランリボンはロゴがきれいなところでカットする。

❷ フィルムのシルバーの面を表にして花器に合わせ、花器の高さに合うようにフィルムを半分折り返し、花器とフィルムの中心を合わせる。

❸ フィルムで花器の周りを包み込む。フィルムの両端の長さが揃う位置で合わせる。

❹ 花器とフィルムに隙間ができないように、フィルムがやや上向きになるように絞る。

❺ 絞った部分に①のバタフライボウを正面から見えるように留める。

❻ ①のグログランリボンの裏に両面テープを貼る。

❼ アレンジメントの正面部分に、⑥を貼り付ける。

❽ フィルムの両端をピンキングハサミ(ギザ刃)でカットし、整える。

[POINT]　メタリックのフィルムで包む

花器の大きさや形をあまり選ばずにアレンジできるラッピングです。少量のフィルムで華やかさとボリューム感が増します。

[このラッピングに向いているペーパー類]

水に強くリバーシブルのフィルムが向いています。
メタリック部分をマットな質感のフィルムに変えると雰囲気もがらりと変わります。

CHAPTER 1　SIMPLE ARRANGEMENT WRAPPING

7

CHAPTER 1 SIMPLE ARRANGEMENT WRAPPING

不織布とメタリックフィルムで包む

大人の雰囲気たっぷりの
アレンジメントには、
きらめくブラックと
ブラウンでシックに

(FLOWER & GREEN)　ダリア、デンファレ、ビバーナム・コンパクタ、アジサイ、ククミス、ユーカリ・ポポラス

不織布とメタリックのフィルムを重ねて作ったラッピングです。
ブーケのようなフォルムが特徴的、
花器を巻くように包む、びっくりするほど簡単にできるラッピングです。

[材 料]

不織布　70cm幅　57cm
メタリックフィルム　70cm幅　57cm
ワイヤー入りリボン　38mm幅　200cm
カーリングリボン　10mm幅　40cm
カード　　　　　　1枚
シール（ブラウン）1枚
ワイヤーで作ったカード差し（作り方P.66）　1
アレンジメント　高さ20cm×直径22cm
ホチキス
セロハンテープ

[HOW TO MAKE]

❶ 不織布とメタリックフィルムを重ね、アレンジメントを上に置く。置く位置は左から15cm、前から3cmの位置。

❷ 左側の不織布とフィルムを花に添わせる。

❸ ②を押さえたまま右側の不織布とフィルムを引き寄せ、フィルム面が前に帯状になるよう折り返す。

❹ 花器の中心部分でたわみのないよう整えホチキスで留める。

❺ ④の余っている不織布とフィルムをセロハンテープでたわみがないよう花器の底に貼り付ける。

❻ 花器の口元部分にワイヤー入りリボンで蝶結びをする。

SIMPLE
ARRANGEMENT
WRAPPING

CHAPTER 1
8

CHAPTER 1

SIMPLE ARRANGEMENT WRAPPING

[HOW TO MAKE]

❼ カーリングリボンを4つに裂いていく。

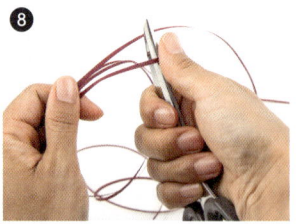

❽ ハサミの刃で⑥にカールをつける。

❾ シール部分の上下部分をカットする。

❿ アレンジメントの左後ろ側の角を軽く三角形に折り、⑧を貼ったシールを貼る。

⓫ カードを差し込んだカード差しをアレンジメントの右上部分に入れる。

⓬ カーリングリボンを美しく見えるように整える。

[POINT] 不織布とメタリックフィルムで包む

① 簡単な手順ですが②〜⑤の間に、花器とフィルムの間にたわみが出ないように作ると、後ろ側がしっかりと立ってきます。

② 使用したカーリングリボンは少し硬さのある綿素材のもの。ナチュラルな質感ですがゴールドのラインが両サイドに入っています。

[このラッピングに向いているペーパー類]

どんなペーパー類でもフィルムと併せて使うことでできるラッピングです。
フィルムとペーパーの色、質感などの組み合わせによりさまざまなバリエーションが楽しめます。

COLUMN 1

ハンドタオルベアー

お子様のお祝いギフトや母の日などに
手軽に付加価値をプラスできるアイデアです。
ハンドタオルで作る小さなクマを
アレンジメントに入れて、かわいらしさを演出。
手軽に作ることができるので、
ぜひマスターしましょう。

[材 料]

ハンドタオル	25cm×25cm
	（タオルはリバーシブルがおすすめ）
リボン	50cm
カラー輪ゴム	2本

カラー輪ゴムは100円ショップ
などで販売されています。タオル
の色に合わせて選んでも面白い
グッズです。

[HOW TO MAKE]

❶ ハンドタオルはクマの顔にしたい面を内側にして半分ほど丸める。

❷ 反対側も同様に丸める。①の丸めた部分が戻らないように上に重しをのせながら作業する。

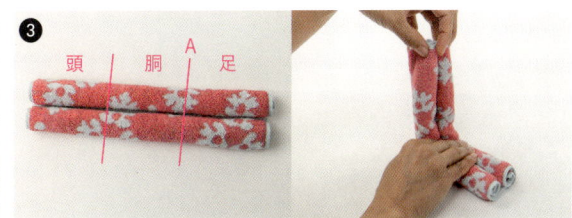

❸ 写真のように1/3ずつが頭、胴、足になる。それぞれ均等になるように折りながら調整する。

❹

③のAを押さえながらタオルをひねり、前に折る。

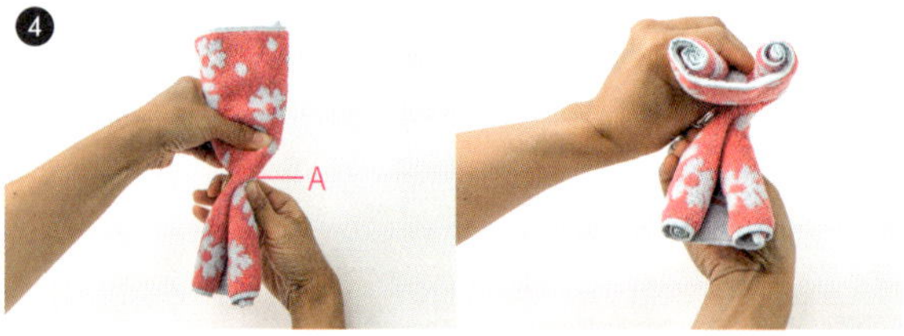

❺

重ねた部分を写真のように手で丁寧に整え、上部分の巻いてある部分に裏側から指を入れ、丸みを帯びるように押し出す。

❻

顔と胴体の間に輪ゴムを2重にかける。

❼

片方の耳部分をつまみ輪ゴムを2重にかけ、輪ゴムをクロスさせて、反対側の耳部分も同様に輪ゴムを2重にかける。

❽

⑥の輪ゴムの上にリボンをかけて、蝶結びをする。

❾

アレンジメントなどに使う場合は、クマの足の間に竹ヒゴなど差し込む。

COLUMN 1　CHAPTER 1　　＊ハンドタオルベアーを使っている作品はP.28、P.58に掲載しています。

おめでとう！

アイデアいっぱい
アレンジメント
ラッピング

ラッピングはただ包むだけでなく、
アイデア次第で広がっていくものです。
この章ではあて板を使った
ラッピング、ラッピング素材以外のもので
包むテクニックなどを紹介します。

CHAPTER 2　ARRANGEMENT WRAPPING

おめでとう！

CHAPTER 2　1　ARRANGEMENT WRAPPING

形が崩れにくい
フィルムの包み方
〔 あて板を使って 〕

黄色のグラデーションが
清涼感たっぷりの
夏ギフト

FLOWER & GREEN　ヒマワリ'レモンオーラ'、バラ'ゴールドラッシュ'、トルコギキョウ'アクエリアスフリル'、カーネーション'エルメス'、マリーゴールド'レメディアパール'、ピットスポルム'カシスクリーム'、丸葉ルスカス

スタンダードなあて板を使ったアレンジメントのラッピングですが、
厚手のOPフィルムをドーム状に包むことで崩れにくくすることができます。
持ち運びをするときにおすすめです。

CHAPTER 2

1

ARRANGEMENT
WRAPPING

[材 料]

不織布（ストライプ）　65cm幅　50cm
OPプリントフィルム（グリーン）　直径43cmの花型　2枚
OPフィルム#50　50cm×100cm
あて板　30cm×30cm（作り方はP.42参照）
ゴムリボン　12mm幅　38cm
サテンリボン　9mm幅　80cm
ダブルクリップ　2個
アレンジメント　高さ20cm×直径25cm
ホチキス
両面テープ
セロハンテープ

[HOW TO MAKE]

❶ 花型のOPフィルム2枚の間に、不織布を挟んで重ねる。フィルムは上下ずれないようにする。

❷ 重ねたフィルムを2回折り、写真のように正方形にする。

❸ 正方形をさらに2回、折り跡がつかないようにふわりと折る。

❹ フィルムの外径に合わせて、不織布をハサミでカットする。

❺ ④を広げて中心にアレンジメントを置く。

❻ フィルムと不織布をいっしょにつまみ、深さ2cmくらいのタックをつける。花器の縁の高さのあたりをホチキスで留める。

❼ ⑥の作業をアレンジメントを1周するようバランスよく6ヵ所行う。

❽ タックをつけた部分のフィルムと不織布を上下に広げて整える。

ARRANGEMENT WRAPPING

CHAPTER 2

❾  ダブルクリップのつまみの部分にゴムリボンを結ぶ。アレンジメントの下にあて板を置き、正面から見て左右どちらかの花器の縁にクリップを挟み込む。

❿ ❾で挟んだ場所の反対側の花器の縁に、ゴムリボンがあて板の下を通るようにしてクリップを挟む。

⓫ OPフィルムを広げた上にあて板をセットしたアレンジメントを置き、フィルムを作品の上で3cm程度重なるようにして、セロハンテープを15cmほど貼る。

⓬ 作品全体を持ち上げて、右手でフィルムをずらして、セロハンテープで留めた部分が真下になるようにする。

⓭ ゴムが見える部分は空間が空いているため、下部分のフィルムを持ち上げて左右のフィルムを折り込みセロハンテープで貼る。このとき、下部分の⓫で重ねたフィルムの反り返りが気になる場合はセロハンテープで貼る。反対側も同様に。

⓮ フィルムの上部分も折り返し、セロハンテープで下同様に貼る。反対側も。

⓯ サテンリボンの左右の端と中心に両面テープを貼る。

⓰ 包んだフィルムの中心より右寄り部分に⓯を貼り付ける。

[POINT]　形が崩れにくいフィルムの包み方 { あて板を使って }

① フィルムのみでボックスのような形を作るため、フィルムの厚さが重要。#50のフィルムは一般的に使われる#40のフィルムより厚く張りがあります。シワになりにくいのもよいところです。

② 合わせるリボンはアレンジメントの花色に合わせて変化をつけると、オリジナリティが出ます。

CHAPTER 2　ARRANGEMENT WRAPPING

スチレンボードを使った
あて板の作り方

ラッピングやディスプレーに役立つ！

ダンボール紙を利用して
作ることの多いあて板ですが、
水に強いスチレンボードを使うと
さらに丈夫になります。
ここでは、2種のあて板の作り方を紹介します。

スチレンボードでの
あて板作り

[材 料]

のり付きスチレンボード　30cm×30cm
ワックスペーパー　50cm×50cm
OPフィルム　60cm×60cm
両面テープ
セロハンテープ

[HOW TO MAKE]

❶ スチレンボードの剥離紙を1/3程度はがす。

❷ ボードの上にペーパーがすべての辺が均等に10cmずつ出るようにかぶせ、①の部分に貼り付ける。残りはボードの剥離紙をはがしながら、ペーパーを貼る。

❸ ボードを表にし、ペーパーの下部分に両面テープを貼る。

❹ ③を上部にも行い、両面テープの剥離紙をはがして、ボードに貼り付ける。

❺ ペーパーの四つ角を、写真のように内側へ斜め45度に折る。

❻ ボードから出ているペーパーを半分ほど内側へ折る。

❼ ⑥で折り込んだ部分に両面テープを貼る。

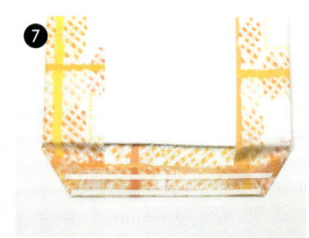

❽ OPフィルムを敷き、中央にボードをのせてフィルムで包む。

❾ フィルムの左右の角を⑤のように内側に折る。

❿ そのまま上に折り返し、セロハンテープで貼り付ける。

[POINT]　スチレンボードでのあて板作り

スチレンボードがのり付きのため、一度貼ると、はがせません。ペーパーをボードに貼り付けるときは慎重に丁寧に行いましょう。

スチレンボードと
カラーサンドでのあて板作り

[材 料]

のり付きスチレンボード　35cm×35cm
和紙(ピンクと白)　各47cm×20cm
カラーサンド(黄緑)
OPフィルム　55cm×55cm
両面テープ／セロハンテープ

[HOW TO MAKE]

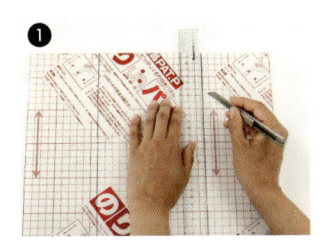

❶ スチレンボードの剥離紙に外側から左右10cmの部分に定規で印をつけ、剥離紙のみにカッターで切り込みを入れる。

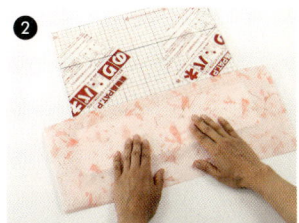

❷ 右側部分の剥離紙をはがし、剥離紙の上に3cm程度重なるようにピンクの和紙をボードに重ね丁寧に貼り付ける。

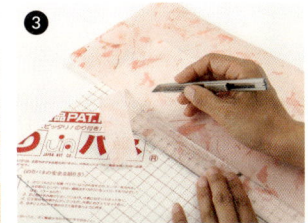

❸ 剥離紙に重なっている和紙は定規を使い、カッターで切り落とす。左側も同様に白い和紙をボードに貼り付ける。

❹ ボードを裏返し、ボードから出ている和紙の上下の端を両面テープでボードに貼る。長さのある辺の部分も両面テープで貼り付ける。

❺ ボードののり付き面を表にし、中央の剥離紙をゆっくりはがす。

❻ カラーサンドを❺にかけていく。たっぷりとかけてるのが美しく仕上がるコツ。

❼ カラーサンドが均等にボードに接着するように、手でまんべんなく広げる。

❽ カラーサンドが広がったら、ボードを立てて余分な砂を取り除く。OPフィルムをP.42の❽～❿の手順で貼り仕上げる。

[POINT] スチレンボードとカラーサンドでのあて板作り

真っ直ぐにボードにペーパーを貼ることはとても難しいため、和紙と剥離紙を重ねて、あとから和紙をカットしています。貼るときに多少ずれることを考慮しての工程です。

CHAPTER 2

2

ARRANGEMENT WRAPPING

あて板ギャラリー

スチレンボードを使ったあて板は、アレンジメントだけでなく
リースやお正月飾りのラッピングにも利用できるため、応用範囲がとても広いのが特徴です。
ギフトラッピングだけでなくショップディスプレーとしても利用できるので、
アイデア次第で楽しめます。

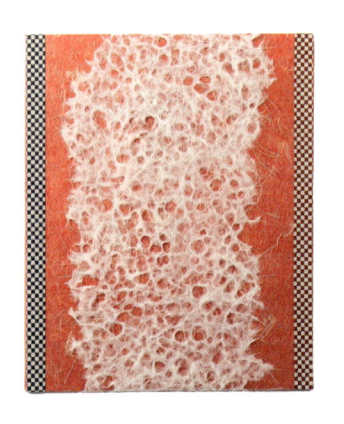

[和風あて板 1]

赤系の和紙に透ける落水紙を重ね、市松模様のリボンで仕上げています。和花のアレンジメントやお正月飾りなどにおすすめ。

[和風あて板 2]

ゴールドと濃い紫のクレープ紙に、扇子が描かれたリボンと市松模様のリボンでおめでたさをプラスして。長方形のサイズはしめ縄飾りなどに使えます。

[小さなあて板]

あて板は正方形でなくても花器のサイズに合わせて作るのがベストです。次のページに掲載しているラッピングに使用しているあて板です。作り方はP.42と同じですが、スチレンボードのサイズは10cm×14cmです。HDPフィルムを貼って仕上げているため、OPフィルムは使っていません。

小さなあて板を使った持ち運べるラッピング

ARRANGEMENT WRAPPING CHAPTER 2
3

高級感たっぷりの
オーガンジーを
カジュアルに

[SIDE]

FLOWER & GREEN　バラ、アジサイ（プリザーブドフラワー）アイビー、その他（アーティフィシャルフラワー）

生花のアレンジメントより軽いプリザーブドフラワーのアレンジメントに
持ち手を付けたラッピングです。
花器のサイズに合わせた小さなあて板を使った、カジュアルなギフト向けのラッピングです。

[材 料]

あて板　10cm×14cm（HDPプリントフィルムを貼ったもの）
のり付きスチレンボード　10cm×14cm
HDPプリントフィルム　23.5cm×19.5cm
OPフィルム　56cm×23cm
テグス入りリボン　25mm幅　140cm
デザイナーズリボン　60mm幅　40cm
アレンジメント　高さ8cm×幅10cm
両面テープ／セロハンテープ／ホチキス

[HOW TO MAKE]

❶ 花器の縁に両面テープを1周貼り付ける。

❷ ①の両面テープでデザイナーズリボンを貼り付け、花器がスカートを履いたように仕上げる。

❸ OPフィルムは中心を少し重ね合わせて筒を作り、セロハンテープで貼る。

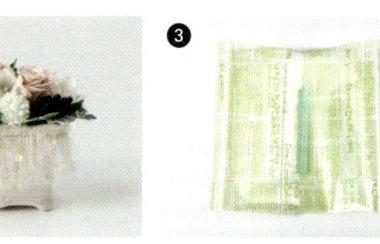

❹ テグス入りリボンは半分にカットし、裏側にリボンの両端10cmくらいに両面テープを貼る。細い両面テープの場合は写真のように2枚ずつ、太い両面テープのときは1枚でもよい。

❺ ③のフィルムに④を貼り付ける。輪の中心部分でリボンが3cmほど重なり合うようにする。

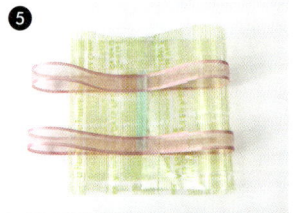

❻ フィルムを広げて、あて板とアレンジメントをセットする。持ち手に手を入れて持ち上げ、両側面のフィルムが空いている部分は左右のフィルムを下側へ折り込みセロハンテープで貼り付ける。

❼ 完成。

[POINT]　小さなあて板を使った持ち運べるラッピング

持ち手にするリボンはワイヤーやテグスが入ったしっかりとしたものを使いましょう。
小さくても重さのあるアレンジメントのラッピングにはあまり向いていません。

CHAPTER 2
ARRANGEMENT WRAPPING
3

[SIDE]

あて板で
持ち運びしやすい
リースラッピング

リースとあて板の
コンビネーションが
楽しいギフト

FLOWER & GREEN　レモンリーフ

4
CHAPTER 2
ARRANGEMENT WRAPPING

リースのラッピングは悩ましいものです。
そのままフィルムやペーパーで包むのが一般的ですが、
持ち帰りやすいうえに、
あて板を付けたまま飾ることができる方法です。

[材料]

あて板（P.43で作ったもの　35cm×35cm）
レモンリーフのリース　直径30cm
ゼムクリップ　4個
シール付きハンドル　1個
リネンリボン　18mm幅　2種　各50cm
ワイヤー入りリボン　63mm幅　20cm
ゴムリボン　8mm幅　32cm
OPフィルム　50cm×105cm
地巻ワイヤー#26　1本
ラフィアのリボン
ラフィアのマスコット
両面テープ
セロハンテープ

[HOW TO MAKE]

❶ ゼムクリップを写真のように開く。

❷ 半分にカットしたゴムリボンを投げ縄結びで①のクリップに取り付ける。

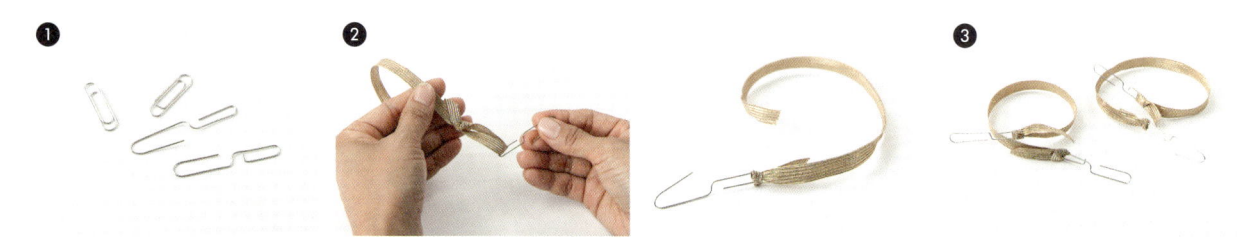

❸ ②のゴムリボンの反対側にも①のクリップを取り付ける

❹ リースの裏側の金具にクリップを2ヵ所、引っ掛ける。

❺ ④から2cmくらいのところに、もう1組も同様に取り付ける。

❻ あて板をリースの裏側に置き、ゴムリボンで固定する。

❼ 地巻ワイヤーと合わせたリネンリボンをラフィアのリボンに取り付ける。

❽ ラフィアのマスコットにリネンコードを巻き付ける。

❾ ⑦のラフィアリボンの裏側のワイヤー部分に⑧を取り付ける。

❿ ⑨をリースの中央に取り付ける。このまま飾ることもできる。

⓫ OPフィルムは重ねて筒状にし、セロハンテープを貼る。

⓬ フィルムの重ねた部分を底にし、筒を広げて⑩を水平に置く。

⓭ あて板より出ている部分のフィルムの右端へセロハンテープを貼り、底の部分へ折り込む。左端も同様にし、奥も同じ工程を行う。

⓮ シール付きハンドルを2つ折りにし、半分にカットする。

⓯ フィルムの上部分に⑭を貼り付け、ワイヤー入りリボンを半分にカットしたものを、持ち手のシールに重ねて貼り付ける。

[POINT] あて板で持ち運びしやすいリースラッピング

シール付きハンドルをつけることで、両手で持つ必要があったリースを片手で運ぶことができます。しっかりしたあて板を作り、きちんと固定することが必要です。

[Teacher's Memo] ラフィアのマスコット作り

❶ ラフィアを重ねて輪を作り、写真のように向かい合う2ヵ所を1本のラフィアで結ぶ。点線部でカット。

❷ カットしたラフィアは上部を丸みが帯びるように作り、首元にラフィアを巻き付ける。

❸ 余分なラフィアをカットして出来上がり。

ARRANGEMENT WRAPPING

4

CHAPTER 2

ディスプレーできる
リースラッピング

寒い冬に
ほっこり暖かな
ナチュラルクリスマス

ARRANGEMENT
WRAPPING
CHAPTER 2
5

FLOWER & GREEN

ペッパーベリー

リースを制作したら、そのままディスプレーするのもよいですが、
ほこりをかぶってしまうなどの問題点もあります。
あて板とリボンを上手く活用し、
フィルムをかけたままディスプレーする方法です。

CHAPTER 2

5

ARRANGEMENT
WRAPPING

[材料]

ペッパーベリーのリース　直径25cm
あて板　28cm×28cm（スチレンボードにHDP
プリントフィルムを貼ったもの）
コットンリボン　11mm幅 140cm
ワイヤー入りリボン 63mm幅 75cm
ワイヤー#26　3本
OPフィルム　36cm×70cm
千枚通し
両面テープ
セロハンテープ
油性マジック

[HOW TO MAKE]

❶ あて板の両端から7cmずつのところで両面テープを表と裏に貼る。

❷ あて板の上部を7cmほど輪になるように、両面テープの剥離紙をはがしながら、コットンリボンを貼っていく。

❸ あて板の上にリースを置き、リースの横軸の中心点それぞれ、内側と外側の点に穴を開ける印を油性マジックでつける。

❹ リースを外して③の点に千枚通しで穴をあける。

❺ リースを置き、穴に表側からワイヤーを通す。

❻ ワイヤーを裏側から引っ張り、クロスする。

❼ クロスしたワイヤーを立ち上げて、ワイヤーをしっかり引き、留める。

❽ ワイヤーをあて板の裏にしっかりねじり留める。反対側も同様に。

❾ ワイヤー入りリボンと#26のワイヤーでバタフライボウを作る。

❿ リースの中央に⑨を取り付ける。

⓫ OPフィルムを短い辺で1cmほど重ね合わせて筒状にし、セロハンテープで貼る。

⓬ フィルムを重ねた部分を下側にして、⑩を中へ入れる。

⓭ リースの上側のフィルムの両辺の角をあて板側に折り、セロハンテープで貼る。裏側のフィルムの中心もあて板に折り返してセロハンテープで貼る。

⓮ リースの下側のフィルムも⑫同様にセロハンテープで貼り付ける。フィルムの膨らみが気になるときは、貼り付けるテープを長くする。

[POINT] ディスプレーできるリースラッピング

リボンの輪を使って壁に掛けたり、吊るすことができます。リースはドライフラワーなど軽い素材でできたものにしましょう。

[Teacher's Memo] リボンを効果的に！

リースはリボンを変えるだけで、雰囲気が大きく変わります。リボンを有効に使いましょう！

CHAPTER 2　ARRANGEMENT WRAPPING

5

枕花を包む

ARRANGEMENT WRAPPING
CHAPTER 2
6

大切な人への思いを
しっかりと包んで

[FLOWER & GREEN] コチョウラン、デンファレ、ユリ'カサブランカ'、リキュウソウ、ビバーナム・スノーボール、レザーファン、トルコギキョウ、カラー、ミスカンサス、ナデシコ'テマリソウ'

[SIDE]

故人に近しい人が枕元へ贈る枕花。
花は白いものを選ぶことも多いので、
落ち着いた雰囲気の薄紫とグレーのクレープ紙で包みました。

[材 料]

クレープ紙　74cm幅　100cm
　　　　　　74cm×20cm
サテンリボン　36mm幅 70cm
枕花　高さ70cm×幅54cm×奥行き54cm
ワイヤー#24　1本
両面テープ
ホチキス
セロハンテープ

[POINT]　あて板で持ち運びしやすいリースラッピング

張りのあるクレープ紙らしい質感を大切に、しっかり折り跡をつけて作ることが大切。

[このラッピングに向いているペーパー類]

張りのある紙全般ですが、カジュアルな印象のクラフト紙などはあまり向きません。単色のワックスペーパーなどは白や黒、紫など場に合うカラーを選ぶことが大切です。

CHAPTER 2

6

ARRANGEMENT WRAPPING

CHAPTER 2 — 6
ARRANGEMENT WRAPPING

[HOW TO MAKE]

❶ 小さいペーパーはグレーを表にして、両端3.5cm程度内側に折り、両面テープで貼り付ける。

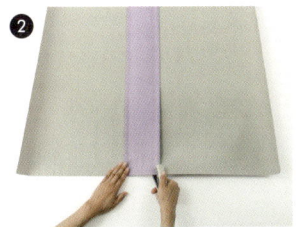

❷ 大きいペーパーはグレーを表側にして、①を中心に置く。①の手前と後ろをホチキスで留める。

❸ 薄紫色を表にした②にアレンジメントを中心から2〜3cm程度の位置に置く（花器の高さから7cm程度の場所が目安。）花器の縁の中心に合わせてペーパーを持ち上げる。

❹ 左右のペーパーをつまみ、深さ5cm程度のタックを作る。タックが開いている部分に余分なシワが入らないように注意し、花器の縁に届く位置をホチキスで留める。

❺ タックに折り跡を丁寧につける。

❻ 後ろ側も同様にタックを作る。深さも同じくらいの位置でホチキスで留め、折り跡をつける。

❼ 側面はペーパーを前に20cm程度残し、器の中心部分を持ちながら、やや後ろめにタックを作る。

❽ 前後同様に、側面タックもホチキスで留めて折り跡をしっかりつける。

❾ 後ろ側のタックの両端に斜め45度くらいペーパーの角があるので、左側の角を手でつまみ、直線の折り跡をつける。花器の高さくらいの位置をホチキスで留める。反対側も同様に。

❿ アレンジメントの前にはタックを寄せたために、立ち上がっているペーパーの角がある。中面の薄紫色が見えるように、紙を広げ、折り目がつかないように自然な感じに仕上げる。

⓫ 最後にペーパーと花器の間にたるみがあるようなら、前のタック部分を持ち再度ホチキスで留める。（たわみがない場合は必要がない。）

⓬ ワイヤーとサテンリボンでバタフライボウを作り、アレンジメントの正面に挿し込む。

バッグを使って包む

ダークカラーの
英字プリントでクールに

CHAPTER 2　ARRANGEMENT WRAPPING

7

[SIDE]

FLOWER & GREEN　バラ、アジサイ（プリザーブドフラワー）

OP素材でできたバッグで包む簡単ラッピングです。
小さなアレンジメントの場合は、フィルムをわざわざカットせずに
既製品の袋をうまく使うとより早く仕上がります。
小さくて軽いアレンジメントのラッピングに向いています。

[材 料]

OPフィルムバッグ　16cm×24cm
デザイナーズリボン　36mm幅　12cm　2本
デザイナーズリボン　10mm幅　2cm　1本
タッセル
両面テープ
セロハンテープ

[HOW TO MAKE]

❶ リボンの裏に両面テープを貼る。

❷ 花器の中心に36mmのリボンを貼り付ける。反対側にも貼る。

❸ OPバッグをアレンジメントの上からかぶせる。

❹ 上から見て、バッグの底を平らにし角が飛び出るようにする。

❺ ❹のバッグの角にセロハンテープを貼り下側へ折って貼り付ける。反対側も同様に。

❻ 花器の底の部分はバッグの口が重なるようにセロハンテープで貼り付ける。

❼ アレンジメントの裏側は、花器の横側の余裕のあるフィルムを花器に添って折り、セロハンテープで貼り付ける。

❽ 下部の余っているバッグ部分は花器の底へセロハンテープで貼り付ける。タッセルをアレンジメントの正面左側に細いデザイナーズリボンで貼る。

[POINT]　バッグを使って包む

アレンジメントのサイズにより使用するOPバッグのサイズを変えましょう。

CHAPTER 2 / 8
ARRANGEMENT WRAPPING

ラミネート加工の不織布で包む

子供への贈りものに
タオルベアーの
アレンジメント

FLOWER & GREEN　バラ'オークランド'、リコリス、アジサイ、ハナナス、ガーベラ、ウイキョウ、リキュウソウ、紅葉ヒペリカム

CHAPTER 2 — 8
ARRANGEMENT WRAPPING

バスケットアレンジの花色に合わせて
ハンドタオルで作ったクマを入れています。
ラッピングも花とクマの色に合わせたオレンジの不織布で。
内側にラミネート加工が施されている不織布を使えば、
フィルムを使わず1枚だけで包むことができます。

[材 料]

不織布ラミネート加工（オレンジ）　70cm×50cm
リネンリボン　16mm幅　24cm
マスキングテープ　8mm幅
アレンジメント　高さ25cm×直径16cm
カード差し（作り方はP.66）　1個
カード　1枚
セロハンテープ
＊ハンドタオルベアーの作り方はP.33。

[HOW TO MAKE]

❶ 不織布を50cm四方の正方形にカットする。

❷ ラミネート加工された面を表にし、4つの辺をすべて7〜8cm内側へ折り、セロハンテープで貼る。

❸ ②の中心にアレンジメントを置き、アレンジメント正面の中心で不織布の左右をつまみタックを作り、花器の縁の高さの位置でホチキスを留める。

❹ ③をアレンジメントの左右後と合計4ヵ所行う。写真は横から見たところ。

❺ 正面のタックを大きく開き、②で折った部分を丁寧に開き、ふっくらと丸みをもたせる。

❻ アレンジメントにカードをセットしたカード差しを入れる。

❼ リネンリボンでリットル記号のような形の輪を作り、マスキングテープで中心のタックをつまんでいる部分に貼り付ける。

[POINT]　ラミネート加工の不織布で包む

不織布ならではの柔らかな風合いを生かすためにも、正面のタックをふんわりとさせる工程は丁寧に行いましょう。正面以外はすっきりしたデザインなので、特に大切です。

CHAPTER 2

9

ARRANGEMENT WRAPPING

手ぬぐいで包む

アサガオ柄で
日本の夏を演出

FLOWER & GREEN　　トルコギキョウ、カーネーション、キク、キョウカノコ、ナデシコ'テマリソウ'、ピットスポルム'カシスクリーム'

ラッピングといえば、
ペーパーやフィルムを使わなければと思いがちです。
手ぬぐいなど布地を使うのも風情があります。
手ぬぐいをはちまきのようにねじって花器を包みました。

9
CHAPTER 2
ARRANGEMENT WRAPPING

[材料]

アサガオ柄手ぬぐい　90cm×34cm
花器　高さ10cm×直径15cm
組紐　約3.5mm幅 70cm
コットンリボン　18mm幅 100cm
地巻ワイヤー#26 2本
両面テープ

＊この作品はアレンジメントを制作する前に、花器を包んでいます。

[HOW TO MAKE]

❶ 花器の縁の周囲に両面テープを1周貼り付ける。

❷ 手ぬぐいを広げ写真のように折り、重なっている部分の中央に花器を置く。

❸ 手ぬぐいの中央を花器の縁の高さに合わせ、置く位置を調整する。

❹ 手ぬぐいが重なり合う部分の内側に両面テープを貼る。

❺ 花器の縁ぎりぎりのところに手ぬぐいを合わせ、手前の部分から両面テープの剥離紙をはがし、手ぬぐいを花器に貼り付けていく。

❻ 貼っていない手ぬぐいの左右に伸びている部分を内側に折る。

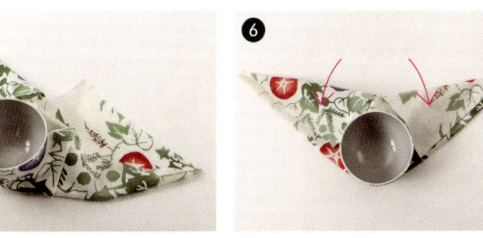

❼ ⑥の部分を持ち同時にねじっていく。

061

❽ ねじってから花器の正面で一度結ぶ。

❾ もう一度結び、形を整える。

❿ 結んだ下の部分の余っている手ぬぐいを、内側に挟み込む。左右ともに行い、形を整える。

⓫ 花器にフローラルフォームをセットし、アレンジメントを制作する。

⓬ コットンリボンでダブルタイボウを作り、几帳結び（作り方はP.106）をした組紐とワイヤーで重ねる。

⓭ アレンジメントに⓬をセットする。

[POINT] 手ぬぐいで包む

① 花器が円形のため、両面テープで手ぬぐいを貼り付けているのがポイントです。布はつるつるとした面に滑りやすいため、しっかり貼り付けてから包みましょう。

② 手ぬぐいは季節感のある柄やかわいらしい模様や色が増えているので、ラッピングやディスプレーの演出の幅が広がるアイテムです。上手く使いこなしましょう。

CHAPTER 2
9
ARRANGEMENT WRAPPING

葉物で包む

ARRANGEMENT WRAPPING
CHAPTER 2
10

[BACK]

レモンリーフで包む
ナチュラルラッピング

FLOWER & GREEN　ガーベラ、カーネーション、アストランチア、ナデシコ、ミスカンサス、レモンリーフ

ペットボトルの容器とレモンリーフを使ったアイデアラッピングです。
工作気分で簡単に仕上がります。レモンリーフは乾燥に強いのでこのまま飾っておけるのも魅力の素材。
ホチキスやセロハンテープも使わず、エコを意識したラッピングのため、
花育メニューにもおすすめです。

10
CHAPTER 2
ARRANGEMENT WRAPPING

[材料]

空のペットボトル（2ℓサイズ）
レモンリーフ2本（葉のボリュームによって調整してください）
リネンリボン　22mm幅　40cm
地巻ワイヤー#26　1本
ブルーベリー付きクリップ　1個
アレンジメント（フォームの大きさが高さ8.5cm×横10cm×奥行き8cm）
両面テープ

[HOW TO MAKE]

❶ ペットボトルを高さ8.5cm位にカットし、ボトルの周囲を4段くらいに分けて、両面テープを貼り付ける。

❷ ①の上から3段の両面テープの剥離紙をはがしながら、レモンリーフの葉を1枚ずつ貼っていく。ペットボトルの切り口が葉で隠れる位置に合わせる。上段のレモンリーフが貼り終わったら、葉の下部分に両面テープを1周させ、一番下の両面テープをはがしながら、下段にレモンリーフを貼っていく。

❸ ②のレモンリーフがペットボトルの底から少しはみ出ている場合は、底が平らになるように花バサミでカットする。

❹ フォームにセットしてあるアレンジメントを③に入れる。

❺ リネンリボンとワイヤーでバタフライボウを作り、中央にベリーのクリップを挟む。

❻ アレンジメントに⑤のリボンをセットする。

[POINT]　葉物で包む

レモンリーフを貼っていくときは、両面テープの剥離紙を一気にはがさず、剥離紙をはがしながら貼っていくことが美しく仕上がるコツです。

[Teacher's Memo]　葉物で包む

小さな器の場合は、ドラセナを丸めて使うのもおすすめです。

COLUMN 2

カードを贈るアイデア

ギフトにカードがつきものです。
つい花が主役のギフトだとカードは二の次になりがちですが、
カードにも送り手の思いがこめられているもの。
カードの添え方やカードにも工夫をしてみましょう。
大事に贈っていただきたいと思っています。
近頃のフラワーショップではカードを記入するコーナーなども設けられ、
認識は変わってきていて嬉しくなります。
シンプルなカードにはスタンプを押したり、
リボンを貼ったりアイデア次第でオリジナルができあがります。
またワイヤーで手軽に作るカード差しを使うと、
そのままアレンジメントに入れることもできます。
嬉しい気持ちを届けるフラワーギフトだからこそ、
その思いをさらに高めていきたいものです。

カードにはさまざまな種類や用途別のデザインがあります。ここで紹介しているものは手軽なサイズですが、ややフォーマルなときには専用の封筒に入れて扱いましょう。スタンプをショップに用意してお客様に使っていただくのもアイデアのひとつです。

CHAPTER 2 COLUMN 2

ワイヤーで作るカード差し

[材 料]

ワイヤー#24　1本
フローラルテープ(何色でも)
丸いボールペン
カード

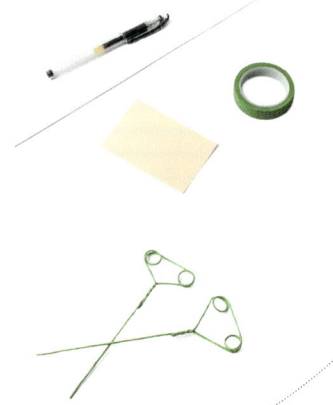

[HOW TO MAKE]

❶ ワイヤーをフローラルテープでテーピングする。

❷ ワイヤーの先端から5、6cmの部分にボールペンをあてワイヤーの先端を持ちながら巻き付ける。

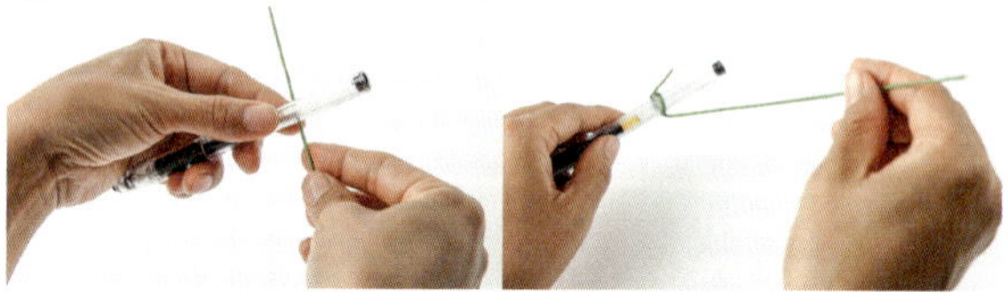

❸ ②の部分から2cm程度のところにボールペンをあて、ワイヤーの先端を持ちながら巻き付ける。巻き終わったら、写真のように逆三角形を作るようにワイヤーを交差させる。

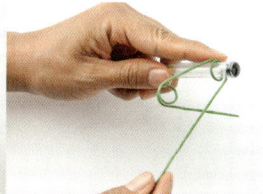

❹ 交差したワイヤーの長い部分を上の逆三角形に対し垂直にする。

❺ 交差した部分の短いワイヤーを④のワイヤーにねじり留める。

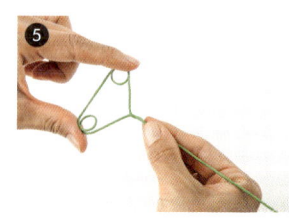

❻ リボンを両面テープで貼ったカードをワイヤーを丸めた部分に差し込む。

＊ワイヤーで作ったカード差しを使った作品はP.30、P.58に掲載しています。

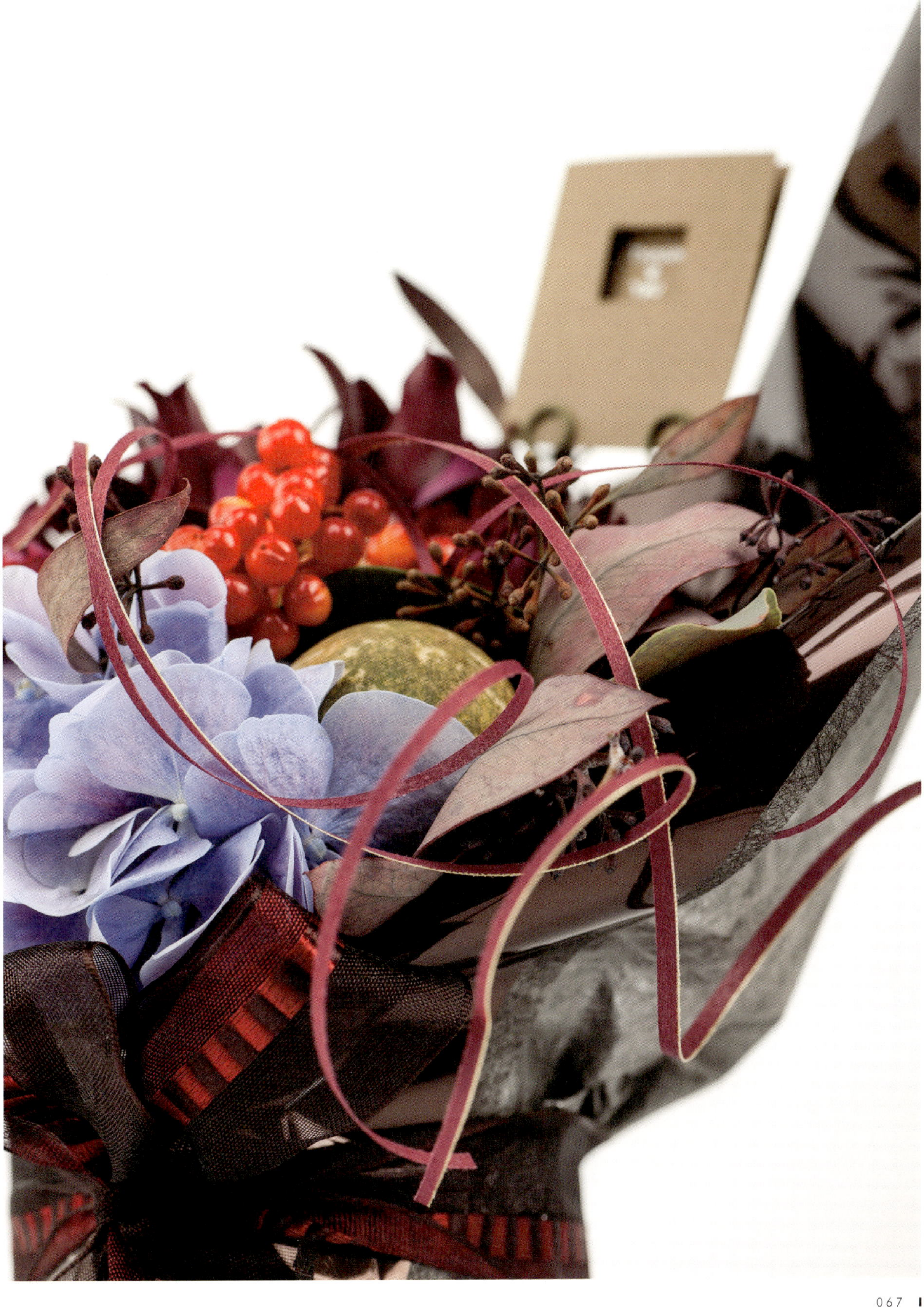

CHAPTER 3　IDEA WRAPPING

さまざまな
シーンで使える
ラッピング

フラワーショップでも生花以外の商品を
扱うショップが増えてきました。
フラワーギフトとともに贈ることもあるでしょうし、
単体で雑貨だけを購入されるお客様も多いといいます。
この章ではアレンジメントに限らず、
フローリストが知っていると役立つ
ラッピングのアイデア集です。

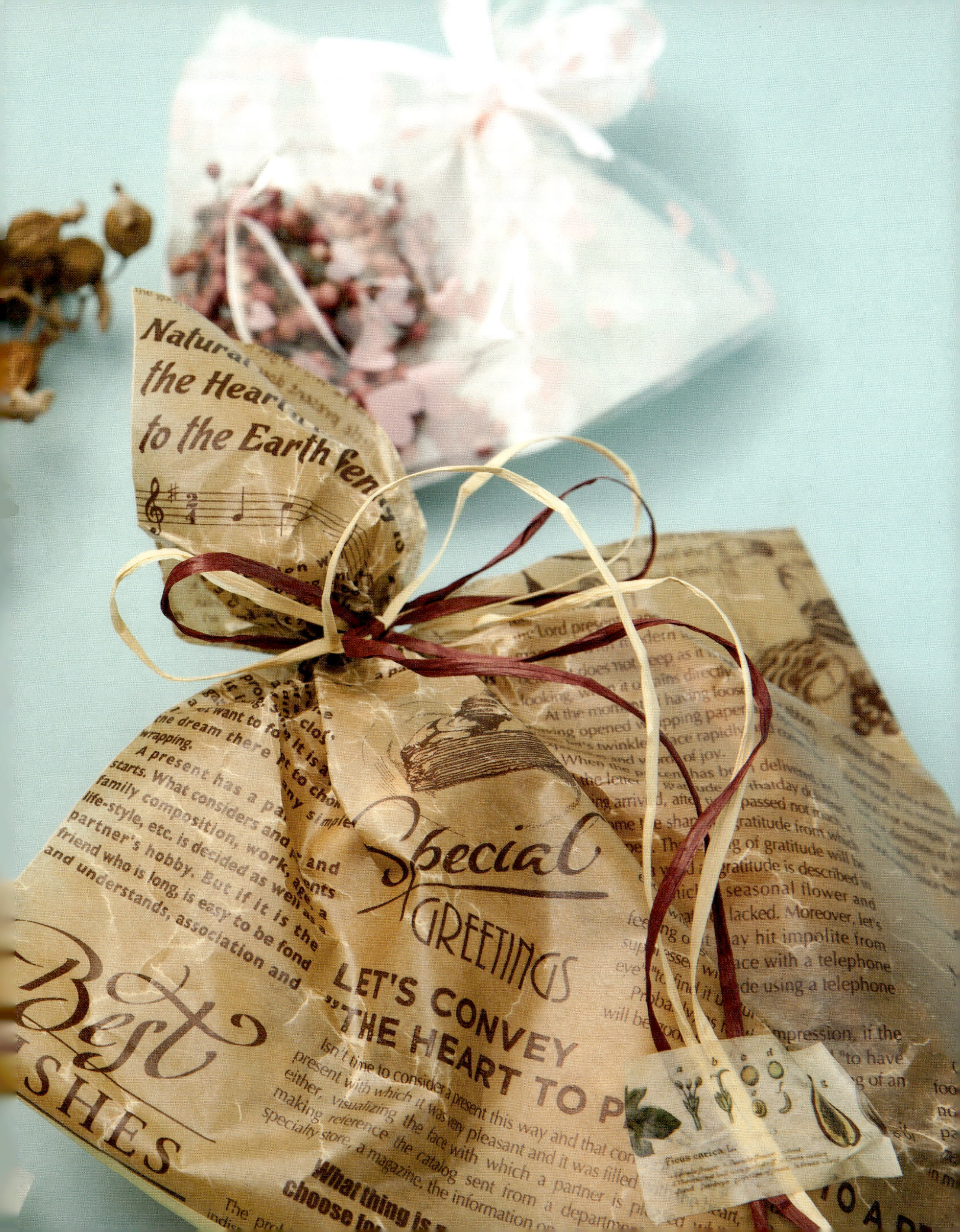

Special
GREETINGS
LET'S CONVEY
"THE HEART TO P
Best

CHAPTER 3　1　IDEA WRAPPING

テトラ型
コサージュケース

［A］バッグで作る
コサージュケース

［B］OPフィルムで作る
コサージュケース

コサージュを
簡単かわいいディスプレーに！

コサージュをカジュアルに贈りたいときにおすすめのラッピングです。
コサージュ専用のケースが手元にない場合でも、簡単に作ることができます。
そのまま吊るすこともできるため、アートフラワーのコサージュならそのままディスプレーにも使えます。
バッグ(A)とOPフィルム(B)で作る2パターンを紹介します。

[A] バッグで作るコサージュケース

[材料]

OPフィルムバッグ　21cm×30cm
リボン　10mm幅　25cm
マスキングテープ　15mm幅
コサージュ
ビニールパッチ　2個
千枚通し
両面テープ

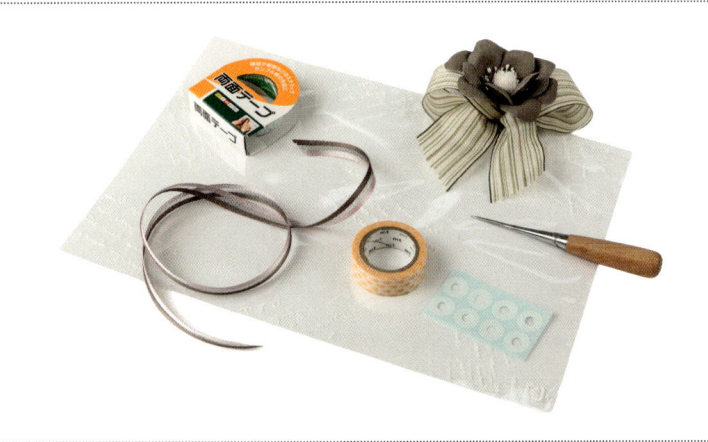

[HOW TO MAKE]

❶ コサージュのクリップの後ろに両面テープを貼る。

❷ バッグを縦にして、底が正三角形になるように開き、バッグの手前はきれいに閉じる。

❸ ①のコサージュを②の中に入れ、貼り付ける。

❺ バッグの閉じている部分を三角錐から1cm程度の位置でカットする。

❻ カットした部分を三角錐側に折り、マスキングテープを貼って切り口を閉じる。

❼ マスキングテープからはみ出るバッグの角の部分はカットする。

CHAPTER 3
IDEA WRAPPING
1

071

[HOW TO MAKE]

❼ 三角錐の頂点2ヵ所にビニールパッチを貼る。

❽ 千枚通しで⑦に穴をあける。

❾ リボンを半分に折り、⑧の穴に2cmほど通し輪を広げ、穴に通していないリボンを右手で折り輪に通す。

❿ リボンを5cm程度のところで再度結び、余分なリボンはカットする。

[POINT] バッグで作るコサージュケース

1. バッグの底の長さが出来上がりの1辺の長さになります。コサージュの大きさに合わせてバッグのサイズを選びましょう。

2. リボンの長さは飾りたい場所などに合わせて調整しましょう。

[B] OPフィルムで作るコサージュケース

[材料]

OPフィルム　#50　20cm×42cm
コード　2mm幅　30cm
マスキングテープ　15mm幅
ビニールパッチ　2個
コサージュ　1個
両面テープ
千枚通し

[HOW TO MAKE]

❶ フィルムを縦長に置き2つ折りにし、両端の開いている部分にマスキングテープの半分程度を貼り付ける。マスキングテープは写真のように長めに貼る。

❷ ①を裏返しにして、貼り付けていないマスキングテープの半分を反対側へ貼り付ける。

❸ 余分なマスキングテープをカットする。この状態で口が開いている部分は1辺のみに。

④ コサージュのクリップに両面テープを貼り三角錐の形に広げた③の中へ入れる。

⑤ 開いている1辺の口元を押さえ、1cm程度三角錐側に折り、マスキングテープを貼る。

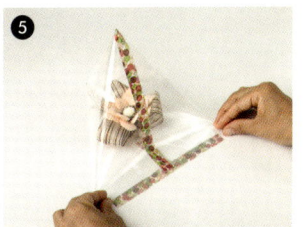

⑥ マスキングテープからはみ出たフィルムの角はハサミでカットし、あとはAの⑦以降の手順と同じ様に作り、リボンの代わりにコードを通す。

[POINT]　OPフィルムで作るコサージュケース

① ここではやや厚手のフィルム(#50)を使用しています。薄いフィルムよりも張りがあり、きれいなテトラ型になります。

② ビニールパッチは書類やバインダーに紐を通すための穴を、補強する文具用品です。これを使わずに穴をあけリボンを通すと、穴の部分からフィルムが破けてしまうことがあります。

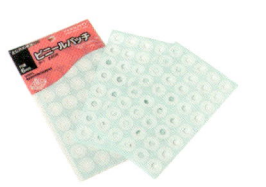

[Teacher's Memo]　コサージュ以外にも応用してみましょう

コサージュ以外にもこのようにエケベリアなどを入れたりするのもおすすめです。この場合は穴を開けていません。少し重いものを入れたいときは、フィルムは厚手のものを使用しましょう。

リボンで楽しむハロウィン

IDEA WRAPPING 2 / CHAPTER 3

Happy Halloween!!

FLOWER & GREEN　バラ'カルピディーム'、モカラ、ハナナス、ヒオウギ(実)、ナデシコ'テマリソウ'、キイチゴ

ハロウィン柄のリボンを使って、バスケットをデコレーションしました。
ピンギングバサミで作った手作りのコウモリなどを合わせた、
雰囲気たっぷりのハロウィンアレンジです。

[材 料]

ハロウィン用デコレーションリボン　2種（オレンジとブラック）38mm幅　各40cm
リボン（ブラック）　22mm幅　15cm
ハロウィン用クリップ　1個
ハロウィン柄ワイヤー入りタイ　1本
両面テープ
バスケット　高さ25cm×横22cm×奥行き18cm
ピンキングハサミ（丸刃）

[HOW TO MAKE]

❶ デコレーションリボンの裏側、先端には横に、柄の細い部分には縦に両面テープを貼る。リボンの柄に合わせて2、3cm間隔で貼っていく。

❷ バスケットの持ち手の中心部分からそれぞれリボンが反対方向になるようにバスケットの底まで貼り付ける。

❸ 黒いリボンを2つ折りにし、丸刃のピンキングハサミの刃を反対にして対角へ弧を描くようにカットする。

❹ 3のリボンを広げて、中心部分を両手の指でつまむ。

❺ ❹にワイヤー入りタイを通しねじり留める。

IDEA WRAPPING　CHAPTER 3

[HOW TO MAKE]

❻

中心部分にクリップを留める。

❼

持ち手がバスケットと交差する部分に6をタイで結びつける。

❽

バスケットにフローラルフォームをセットし、花を生ける。

CHAPTER 3

2

IDEA WRAPPING

[POINT]　リボンで楽しむハロウィン

絵柄が面白いリボンは結ぶという概念にとらわれずに、デコレーションするという気持ちで使いましょう。

IDEA WRAPPING

CHAPTER 3

ラウンドボックスを包む

フラワーバレンタインはゴージャスラッピングで

FLOWER & GREEN　バラ（プリザーブドフラワー）

洋菓子店で人気のラッピングテクニックです。ラウンドボックス全体を包み込むとペーパーがたくさん必要ですが、ボックスがしっかりしたものでしたら、少しラッピングするだけで、特別な雰囲気に仕上がります。

[材 料]

メタリックフィルム　70cm幅
デコレーションリボン(ハート柄)　25mm幅　60cm
フラワーバレンタインリボン(ブラウン)12mm幅　100cm
地巻ワイヤー　#24　1本
両面テープ
ラウンドボックス入りのアレンジメント　高さ10cm×直径12cm

[HOW TO MAKE]

❶ デコレーションリボンの裏に両面テープを15cm程度の間隔を取り、3ヵ所貼る。12mm幅のリボンとワイヤーでフレンチボウを作っておく。

❷ メタリックフィルムを広げ、ラウンドボックスを上に載せてボックスの直径でカットする。

❸ メタリックフィルムのシルバーの面を外側にし、手前1/3程度を折る。折るときに、赤い面の両端と中心3ヵ所に両面テープを貼り、フィルムに貼り付ける。

❹ ❸の折った部分に、❶のリボンを貼り付ける。両端のフィルムを残すように貼る。

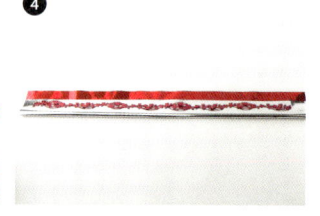

❺ ラウンドボックスを❹の中に入れ、奥を手で押さえる。

❻ ❶のフレンチボウを、押さえている部分にねじり留める。裏側からワイヤーの処理が見えるため、ワイヤーはクロスしねじってから、輪を作り留める。

❼ 上部のメタリックフィルムの余っているところを斜め上向きにカットし、重なっている部分を手で広げる。

[POINT]　ラウンドボックスを包む

ボックスのデザインを生かすことができるラッピングですがラウンドボックスに限らず、応用できます。

[このラッピングに向いているペーパー類]

どんなフィルムやペーパーでもできますが、裏面が見えるため、リバーシブルのものが向いています。

ギフト券を包む

CHAPTER 3
4
IDEA WRAPPING

ちょっとした気持ちを贈る、
ぽち袋代わりに

ギフト券やチケットなどを贈るぽち袋として作りました。
かしこまったシーンには向いていませんが、
ちょっとしたお礼のギフト券やチケットを渡す
カジュアルなシーンでの利用向きです。

CHAPTER 3
IDEA WRAPPING
4

[材 料]

クレープ紙（ローズピンク）　21cm×26cm、6.5cm×8.5cm
リネンリボン 8mm幅　20cm
両面テープ
マスキングテープ
ギフト券

[HOW TO MAKE]

❶ クレープ紙のタテのしわを生かすようにペーパーをカットし大きいペーパーの内側にギフト券を上部が少し飛び出すように置き、左側から折る。右側も折り、しっかり折り跡をつける。

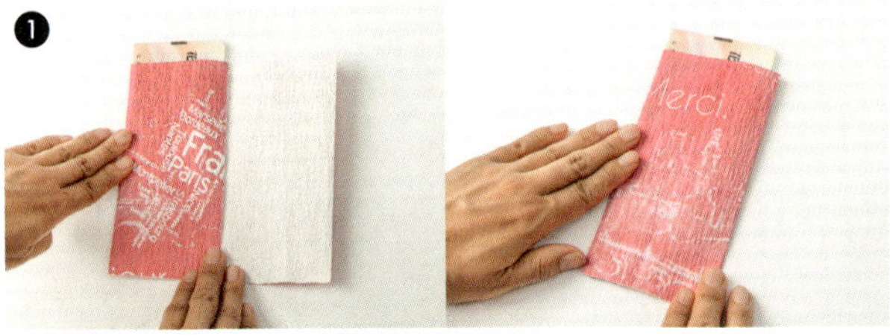

❷ ①の右側を開き、左側の下を押さえながら上を斜めに折る。

❸ 右側を再度、②と同様に折る。

❹ 裏側は、ペーパーの下部を5mm程度折りあげマスキングテープで貼る。

❺ 小さくカットしたペーパーの下部に両面テープを貼り、③の折った中へ入れて貼る。

❻ 折ったペーパーが交差する部分にマスキングテープを貼る。

❼ リネンリボンで作った蝶結びの後ろに両面テープを貼り、⑥の中心に貼り付ける。

[このラッピングに向いているペーパー類]

極端に柔らかな素材でなければどんな素材でもできます。
前ページの作品のように和紙やワックスペーパーなどで仕上がりの雰囲気が変わります。
合わせるテープやリボンもペーパーに合わせて選びましょう。

IDEA WRAPPING
CHAPTER 3
5

フラワーベースを包む1

やわらかな花びらを
贈るように

フラワーベースを贈りたいという人は多いでしょう。
ラッピングするにはギフトボックスを合わせるのが一番ですが、合うサイズがないこともあります。
ここでは、パステルピンク色のハート模様のエアパッキンを使ってかわいらしく包んでみました。
フラワーベースの上に花が咲いたようなエレガントな包み方です。

[材 料]

不織布(水玉柄ライラック)65cm幅　65cm
不織布(ピンク)60cm幅　60cm
ハート柄エアパッキン　10cm×45cm
モール(ピンク)　1本
刺繍リボン(ピンクと薄紫)　15mm幅　各80cm
フラワーベース　高さ10cm×直径9.5cm
ピンキングハサミ(ギザ刃)
セロハンテープ

[HOW TO MAKE]

❶ 水玉柄の不織布を下にして2枚重ね、幅が狭いピンクの不織布に合わせて、正方形にカットする。

❷ 2枚の不織布を角が重ならないように重ね、中心にフラワーベースを置く。

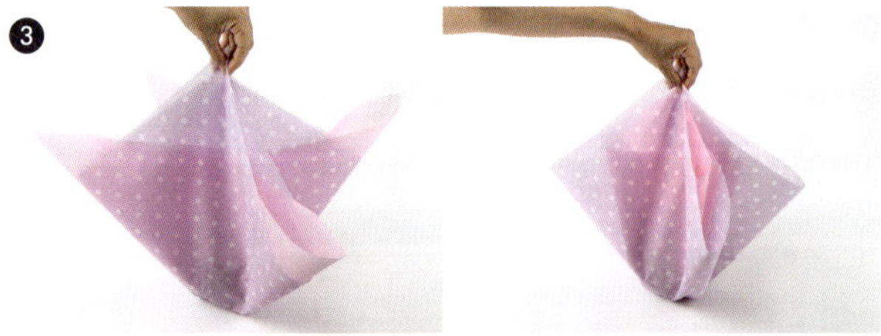

❸ 水玉柄の不織布の角を中心で合わせる。角が出ているピンクの不織布は内側へ折り込む。

❹ フラワーベースの口元で不織布を絞る。

❺ モールで数回ねじり、余ったモールは後ろ側に輪を作り、先端が危なくないようにねじり留める。

❻ 上をピンキングハサミでカットし、手で不織布を広げていく。

❼ 全体的に丸みを帯びるように形作るため、余分に飛び出している不織布はピンキングハサミでカットし整える。

❽ 絞った部分に刺繍リボンを重ねて、2本のリボンで蝶結びをする。

❾ リボンをピンキングハサミで適度な長さにカットする。

❿ エアパッキンで1周巻き、少し重ねてセロハンテープで貼り留める。

[POINT]　フラワーベースを包む1

不織布は丁寧にふんわりと広げましょう。ボリュームも出ますし、美しく仕上がります。

IDEA WRAPPING
CHAPTER 3
5

CHAPTER 3
6
IDEA WRAPPING

フラワーベースを包む2

パイナップルのような
個性的なフォルムで

P81と同じハート柄のエアパッキンを使用したラッピングです。
こちらはエアパッキンの量が多いため、持ち運びなどには安心です。
カットしたエアパッキンを重ね合わせて作っています。

IDEA WRAPPING
CHAPTER 3
6

[材 料]

ワイヤー入りリボン(チェック)38mm幅　80cm
ワイヤー入りリボン(ステッチ入り)38mm幅　220cm
モール(ピンク)　1本
ハート柄エアパッキン　60cm×50cm
フラワーベース　高さ10cm×直径9.5cm
両面テープ

[HOW TO MAKE]

❶ フラワーベースの下にステッチの入ったワイヤー入りリボンを置き、ベースの高さの2.5倍くらいの長さを2本カットする。(ここでは75cm程度)。

❷ エアパッキンの上にベースを置き、ベースの直径より1cm程度余分に2枚カットする。

❸ ①のリボン2本を十字に重ね、②のエアパッキンはハート柄を下に十字に重ね、それぞれを放射状にする。

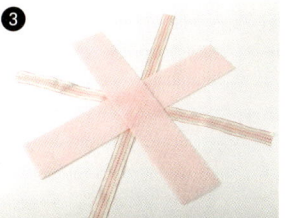

❹ チェックのリボンとモールでバタフライボウを作り、その上にチェックのリボンを差し込む。

❺ ③の中心にフラワーベースを置き、エアパッキンを持ち上げて包み込む。エアパッキンが重なる部分はセロハンテープを貼る。

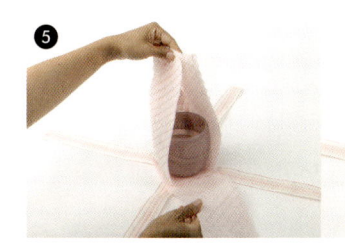

❻ リボンを持ち上げ、フラワーベースの口元を絞り、④のリボンをつける。

[HOW TO MAKE]

❼ リボンをつけたモールは後ろ側で一度ねじり、2本のモールで輪を作りねじり留める。輪をつぶしてハート形にし、それぞれ左右に広げる。

❽ リボンの端をハサミで斜めにカットし、エアパッキンの上部はピンキングハサミで斜めにそれぞれカットする。カットしたリボンとパッキンはそれぞれ形を整える。

[POINT] フラワーベースを包む 2

ワイヤーリボンを使っているので、最後にしっかり整えることできれいな形に仕上がります。

IDEA WRAPPING

CHAPTER 3

6

CHAPTER 3 / 7
IDEA WRAPPING

ハンバーガーペーパーで包む

素朴な風合いが
ナチュラルな
ドライフラワーの
魅力を引き立てる

FLOWER & GREEN　トウモロコシ、ゲットウ、ペッパーベリー（すべてドライフラワー）

ハンバーガーを包むようにワックスペーパーで袋を作りドライフラワーをラッピングしました。
袋の口を閉じなければ、そのままディスプレーに使うこともできます。またフィルムと組み合わせても面白いです。

[材料]

ワックスペーパー　35cm×70cm
ペーパーラフィア　100cm
マスキングテープ　15mm幅
ドライトウモロコシ　2個
シール代わりのマスキングテープ（図鑑柄）

[HOW TO MAKE]

❶ ペーパーのプリント柄を表にして2つ折りし正方形にする。

❷ 折った辺のとなりの辺にマスキングテープを半分貼り、裏返して貼り合わせる。

❸ 左手に袋を持ち、トウモロコシを入れる。

❹ 口元を絞り、ペーパーラフィアで蝶結びをする。

❺ ラフィアの足はカットせずにふんわりと遊ばせて、図鑑柄のマスキングテープを貼る。

[POINT]　ハンバーガーペーパーで包む

ワックスペーパーで袋を作るときはセロハンテープが使えないので、マスキングテープを使いましょう。

[このラッピングに向いているペーパー類]

どんなフィルムやペーパーでも作ることができます。中に入れるものが重いときは、厚手のペーパーを選びましょう。

[Teacher's Memo]　素材や包み形でバリエーションを楽しもう

プリントフィルムとラミネート加工されたペーパーを同じ大きさの正方形にカットし、2辺をセロハンテープで貼っています。中身が見えるのもかわいらしい。

口元の処理は絞らずに、ただ折り返しても素敵です。

IDEA WRAPPING　CHAPTER 3

7

088

CHAPTER 3　⑧　IDEA WRAPPING

バラで包む

ふんわりとした
バラを添えて

ボックスをラッピングしながら、バラを作るスタイルです。
厚手の不織布でバラの花のような風合いを作りました。布でも同じように包むことができます。

[材 料]

不織布(赤)　60cm×60cm
刺繍リボン　15mm幅　55cm
箱入りお菓子　高さ2cm×幅10cm×奥行7cm

[HOW TO MAKE]

❶ 60cm四方にカットした不織布の中心に箱を置き、箱の高さ+10cm程度の長さで手前と後ろの角を内側に折る。

❷ ①で折った不織布を手で持ち立ち上げる。

❸ 右手で不織布を立ち上げながら、左手で左側の不織布を巻き、バラの芯を作っていく。

❹ 箱の中心部分まで巻いたら、巻いた花の下部の余っているところは左側に流す。

❺ 巻いていない右側部分は④の中心へ寄せていき、④の流した部分と交差させる。

❻ 交差してから一周させて首もとをぎゅっと結ぶ。

❼ 花の部分をつまみ出し、バラの顔に見えるように手で整える。

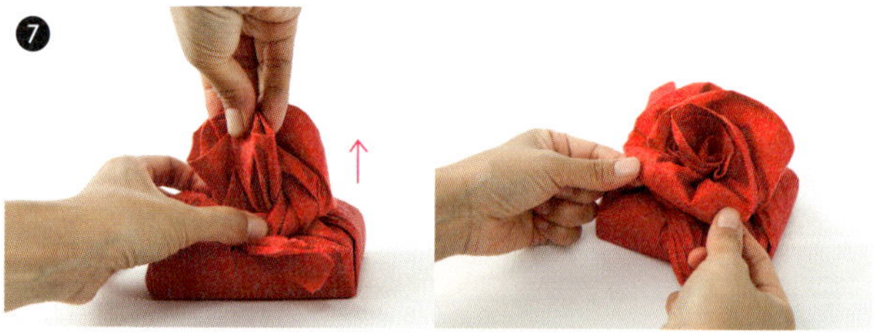

[POINT]　バラで包む

結びとつまみ出しは、力を入れて行いましょう。仕上がりに差がつきます。

[このラッピングに向いているペーパー類]

バラの風合いを見せるためには、不織布が向いていますが、あまり柔らかい素材のものだと途中で破れてしまうことがあります。厚手のものや破れにくい不織布を使いましょう。

IDEA WRAPPING
CHAPTER 3
8

IDEA WRAPPING
CHAPTER 3
9

ボトルを包む1

カジュアルに
花と贈る

ワインと花はとても相性がよいものです。
ホームパーティなどへ持っていくものとして最適な組み合わせです。
カジュアルに包むテクニックです。

[材 料]

ネット（イエロー）　65cm×9cm
OPバッグ　16cm×40cm
リボン　25mm幅　80cm
ワインボトル　高さ31cm×直径7cm
マスキングテープ　8mm幅
カラー輪ゴム　1本
ピンキングバサミ（ギザ刃）

[HOW TO MAKE]

❶ ネットの上にワインボトルを置き、ワインのエチケットのデザインを隠さないようにネットを立ち上げる。

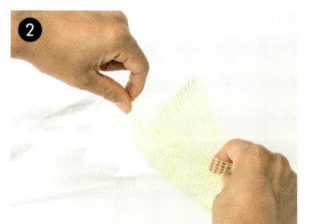

❷ ネットからワインを外し①の高さで折り、折ったところからバッグに入れる。

❸ ネットの折った部分を広げて、ボトルを②の中へ入れる。

❹ バッグの口をワインボトルの高さに合わせて、後ろ側に折る。バッグから出ているネットもそのまま折る。

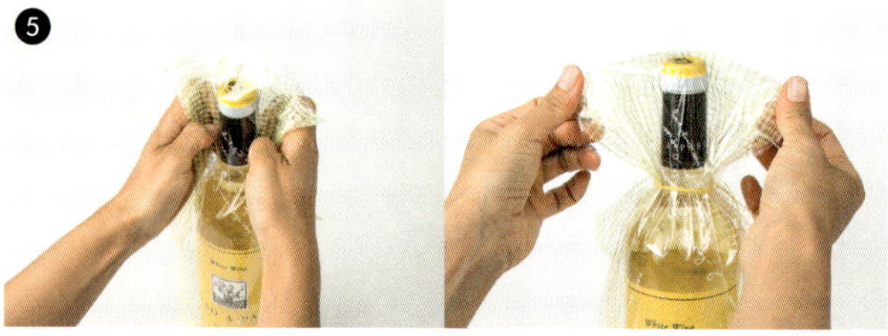

❺ ボトルの首もと近くのバッグを両手で持ち絞り、輪ゴムをかける。

❻ 輪ゴムをかけた位置にリボンをかけ、右側のリボンで輪を作り、左側のリボンを下へ通す。

❼ 左側のリボンを右手に持ち替え、右側のリボンを左側のリボンの下に通す。

❽ ⑦で下に通したリボンを表に返し、右側へ引く。

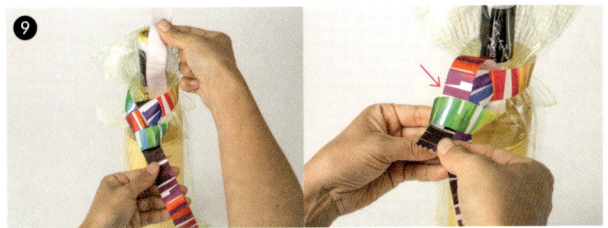

❾ 引いたリボンを首元にくぐらせてから、矢印の輪の中へ通す。

❿ 上下に重なったリボンを引きながら、形を整える。

⓫ リボンの長さをワインボトルとバランスがよいように合わせる。上のリボンをやや長めにカットする。

⓬ 上のリボンをやや斜めにボトルにマスキングテープで貼り付ける。

IDEA WRAPPING
9
CHAPTER 3

[POINT]　ボトルを包む I

① ワインボトルの大きさに合うOPバッグを使うとラッピングは簡単です。中に入れるネットをペーパーに変えても面白いです。

② ボトルの結び方はネクタイの結び方と同じです。一見難しいように見えますが、慣れると難しくありません。リボンの締め方を調整すると雰囲気も変わります。

093

10 CHAPTER 3
IDEA WRAPPING

ボトルを包む2

一緒に過ごす
楽しい時をイメージして

不織布を使い、ワインボトルを細いタックで包み込むラッピングです。
簡単なテクニックですが、不織布のやわらかな風合いが上品な印象を演出。
日本酒などのボトルにもおすすめのラッピングです。

IDEA WRAPPING CHAPTER 3 / 10

[材 料]

不織布（ピンク・グリーン）　60cm×60cm
デザインリボン　24mm幅　60cm
ストライプリボン　12mm幅　80cm
両面テープ
カラー輪ゴム　1本
ダブルクリップ　1個
ワインボトル　高さ30cm×直径8cm

[HOW TO MAKE]

❶ 不織布の中心にワインボトルを置き、写真のように不織布を持ち、重ねる。

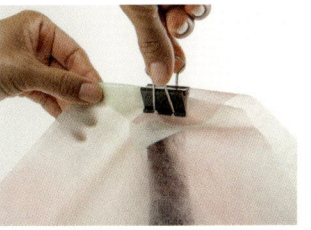

❷ 重ねた不織布の頂点部分を、三角形で表側に折り、ダブルクリップで仮止めする。

❸ まずはボトルの後ろ側、左から中心へタックを作り、できたら右から中心へ向かってタックを作っていく。

❹ ❸のタックを手で押さえながら、ボトルの向きを替え、手前も❸同様にタックを作っていく。

❺ ワインボトルの首元を押さえながら、クリップを外し、カラー輪ゴムをかける。

❻ 不織布を上から引っ張り、全体をすっきりとさせる。

CHAPTER 3

10

IDEA
WRAPPING

[HOW TO MAKE]

❼
デザインリボンで縦に2つの輪を重ね、ホチキスで留める。長さはボトルに合わせて調整する。

❽
⑦のリボンの裏に両面テープを貼る。

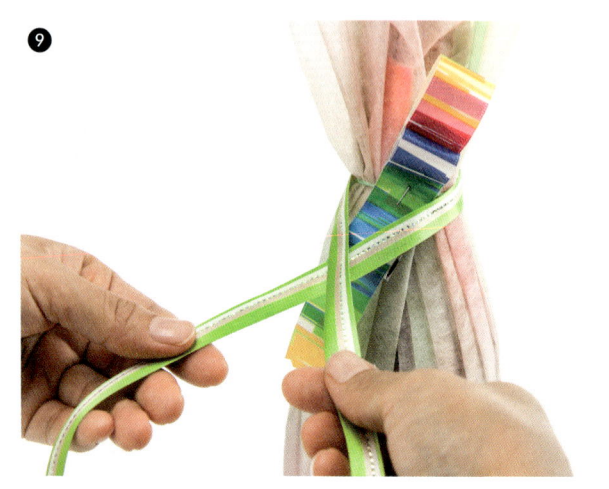

❾
ワインボトルに⑧を斜めに貼り、輪ゴムを隠すように15mm幅のリボンをかけ、蝶結びをする。

[POINT]　ボトルを包む2

タックをつくるときは、後ろから不織布を引っ張りながら作るときれいに仕上がります。

[このラッピングに向いているペーパー類]

どのようなペーパーでも可能ですが、
やわらかな風合いに仕上げたいときは不織布が向いています。

COLUMN 3

ラッピングとの出会いと思い

　フラワーギフトにどこまでラッピングが必要だろうか？私は日頃ラッピング資材に携わる仕事をしていると常にこのような疑問を覚えます。ラッピングのデモンストレーションや講習会の講師を重ねてゆくとますますこの疑問が増していきます。自身のラッピング作品の評価が解らなくなってしまうことも度々あります。

　私とフラワーギフトラッピングとの出会いは今から約30年前。ある有名なフローリストがラッピングの講習会を行っていました。そこでは、見たことがないような和紙や組紐、美しいリボンを使用したフラワーラッピングが次々と紹介されました。目前で繰り広げられたフラワーラッピングの斬新なデザインとテクニックに大きな感動と興奮を覚えたことは、今でも昨日のように思い出します。当時花業界ではギフトラッピングという言葉は定着していませんでしたが、私はこのことがきっかけとなり、多くのフラワーデザイナーの方々と出会いフラワーラッピングを突き詰め、独学で覚えデモンストレーションや講習会を重ねてきました。

　けれど冒頭のような疑問を持つことがあります。それは自分だけが得意とし、いつもの技術に頼った一種の『慣れ』なのでしょう。花とラッピング資材、それをつかさどるデザインは時代とともに大きく変化しています。私は自らのテクニックに慣れ、知らず知らずのうちに自分で飽きてしまっていたのでしょう。そう気づいた私は、心の引き出しにはいつでも新しいものを取り入れるようにしています。そのうえで30年前に初めてフラワーギフトラッピングと出会った新鮮な感動を思い返し、また前を向くのです。

　長い間フラワーラッピングを手掛けるなかで、ラッピングの創造性は花への敬意・情熱・感動だと思うようになりました。つまり花とラッピングのデザインはすべてにおいて感動のバランスなのです。自らを感動させることで新しいデザインが生まれます。美しいものに触れることで感性が豊かになり創造力が生まれ、情熱的な心を持ち合わせることが大きな感動を生み、さらに新しいアイデアが生まれるのです。シンプルなデザインであっても、このバランスをしっかり保つことができれば、花とラッピングで素晴らしい作品になるでしょう。

　とはいえ未だ思い悩むこともありますが、心の根っこは大好きなラッピング。これからも日々前進して感動を与えることができるフラワーギフトラッピングを広めていきたいと思います。

アレンジメントに
役立つ
リボンワーク

アレンジメントでは
花束とはまた違う
リボンの結び方が活躍します。
装飾的な役割はもちろん
実用的にも使える
リボンワークを紹介します。

CHAPTER 4 　RIBBON WORK ARRANGEMENT

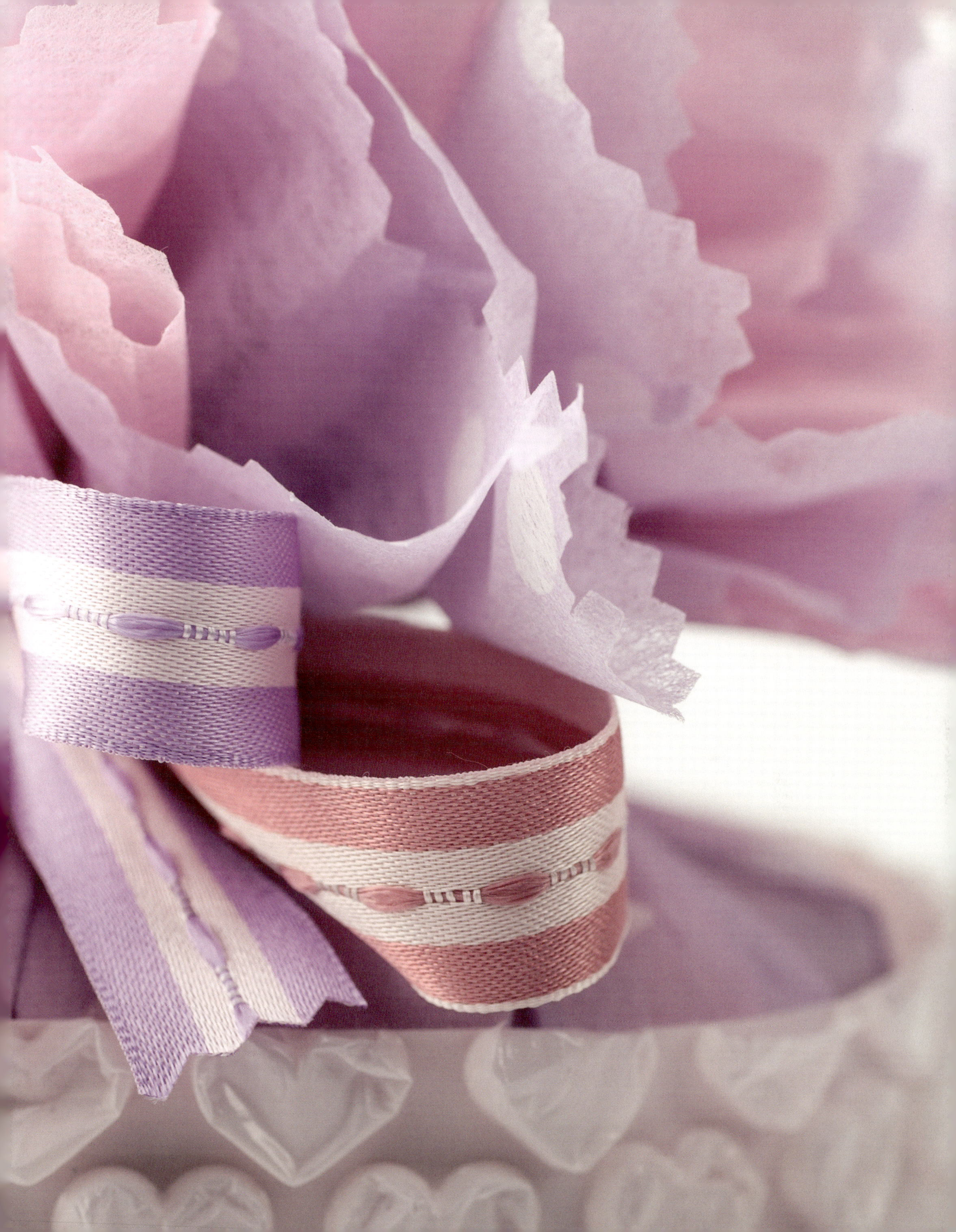

パーツに使える
蝶結び1

リボンだけで作る蝶結びです。
リボンをモチーフとして使いたいときにおすすめのテクニックです。
両面テープなどを貼って使いましょう。
一般的な蝶結び同様、2つの結び方がありますので、
マスターしましょう。

[HOW TO MAKE]

❶ リボンを左右それぞれの手に輪を作る。

❷ ①の右側の輪を上にして輪をクロスする。

❸ クロスした後ろ側のリボンを前に倒し、リボンの輪の中へくぐらせ、輪を引き出す。

❹ 左右の輪を引っ張り、中心の輪を小さくする。

❺ 右の輪と足を手で引き、リボンの形を整える。

❻ 左側のリボンの足を後ろから前にまわし、リボンの表がみえるようにする。

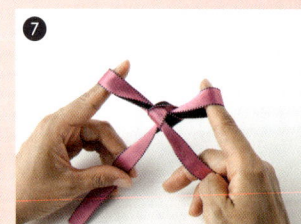

❼ リボンの輪と足をそれぞれ引っ張り、形を整える。

❽ 輪の中心部のリボンが裏返っているところを手で表側にする。

❾ 再度リボンの形を整えて、足をカットする。

CHAPTER 4
RIBBON WORK
ARRANGEMENT

1

[HOW TO MAKE]

❶ リボンの左側を前に輪を作る。

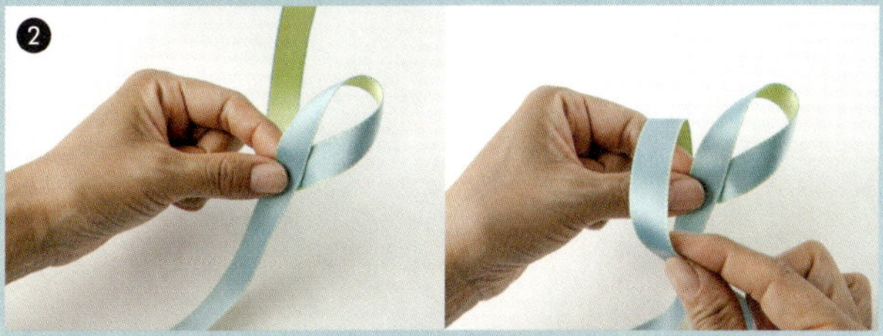

❷ ①の輪の後ろ側のリボンの足を持ち、前へ折り返す。

❸ ②を輪が交差している部分でさらに1周巻く。

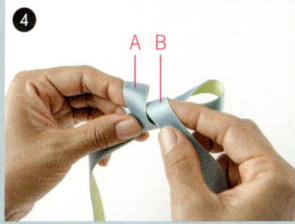

❹ Aが②で作った輪、Bが③で作った輪。BをAにくぐらせる。

❺ 輪と足を引き、リボンの形を整える。

❻ 足の長さをカットする。

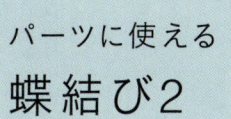

RIBBON WORK ARRANGEMENT　CHAPTER 4

2

パーツに使える
蝶結び2

重ねリボン

結んだリボンの上に、
別のリボンを重ねるテクニックです。
ここではベースのリボンは蝶結びにしていますが、
どんなリボンワークにも応用できます。
重ねるリボンはベースのリボンより細い方が
仕上がりがきれいです。

[HOW TO MAKE]

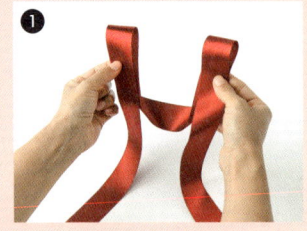

❶ ベースとなるリボンで蝶結びを作る。

❷ ①のリボンの結び目を中心にして、重ねるリボン（ここでは黄色のリボン）を垂直に置く。黄色いリボンの手前側を持ち、赤いリボンの結び目の前で輪を作る。結び目の上の黄色いリボンを輪にしたリボンに巻き付ける。

❸ 2回ほど巻き付ければ、写真のような状態になる。

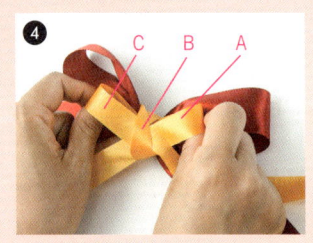

❹ ③の状態から、BにCのリボンをくぐらせる。Aは動かさない。（P.101の④と同様）

❺ リボンの輪に指を通し、輪と足を引きリボンの形を整える。

❻ リボンの足をそれぞれカットして仕上げる。

[Teacher's Memo] 重ねリボン

重ねリボンにはさまざまな応用ができます。左はクラウン結び（P.103）に蝶結びを合わせています。右はダブル縦リボン（P.105）に蝶結びの輪が1つ少ない変形版を合わせています。

RIBBON WORK
ARRANGEMENT

CHAPTER 4

[HOW TO MAKE]

❶ リボンで輪を作る。

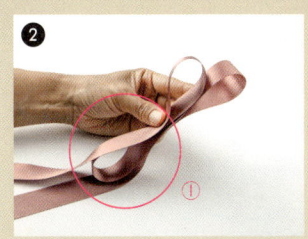

❷ ①の輪を横にして、上にリボンを2回折り重ねる。

❸ 輪を4つ作ったら、リボンの中心を手で押さえたまま、上に重ねたリボンの足を持ち、下をくぐらせて一周させる。

❹ くぐらせたリボンの足を、③でできた輪の中に通す。

❺ リボンがくずれないように手で押さえながら、④のリボンをしっかり引く。

❻ 両端の4つの輪に指を入れてリボンの形を整える。

❼ 余分な足をカットする。

RIBBON WORK ARRANGEMENT
CHAPTER 4

クラウン結び

蝶結びに輪が2つ増えた結び方です。
こちらもパーツで使えるので、
アレンジメントに限らずいろいろな使い方ができます。
リボンを折り重ねるため、
表裏がないリボンでの制作が向いています。

コマ結び

しっかりと結ぶコマ結びはカタ結びともいわれ、
もともとはロープなど2本をつなぐものとして知られています。
きつく締めると解きにくい結び方です。
リボンを外さなくてもよい使い方に向いています。

[HOW TO MAKE]

❶ 結びたいものにリボンをかけ、リボンの表が見えるようにきつく結ぶ。

❷ BのリボンをAのリボンの下にくぐらせて輪を作り、できた輪の中に再度くぐらせる。

❸ リボンの両端を引くとリボンが直線になる。余分なリボンをカットする。

❸ リボンの長さを整える。

RIBBON WORK
ARRANGEMENT

CHAPTER 4

5

104

CHAPTER 4 — 6

RIBBON WORK ARRANGEMENT

ダブル縦リボン

縦に結ぶリボンを二重にしたリボンワークです。
シンプルで品のあるスタイル。
上にリボンが重なる形なので、リボンを飾るスペースが
少ないものへの使うと効果的です。

[HOW TO MAKE]

❶ 結びたいものにリボンをかけ、リボンの表が見えるようにきつく結ぶ。

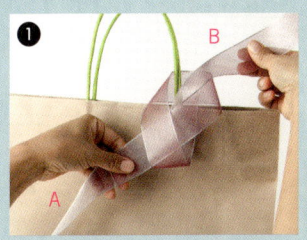

❷ Aのリボンで、①の結び目の前で輪を作る。

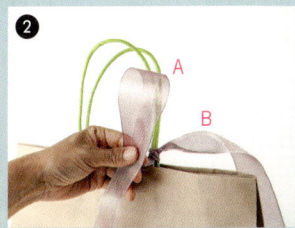

❸ ②の輪より少し小さい輪を上に重ねる。

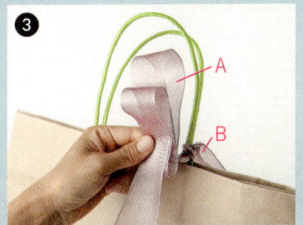

❹ Bを③のリボンの前に持ってくる。

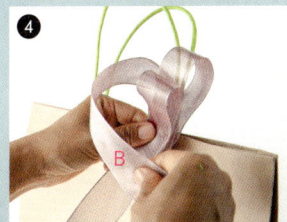

❺ ④をそのまま1周させ輪を作る。

❻ ⑤の輪にリボンをくぐらせる。

❼ くぐらせたリボンの先端を引き、輪の形を整える。

❽ 余分なリボンの足をカットする。

105

几帳結び

几帳結びは、平安時代以降の公家の邸宅に使われていた
間仕切りである几帳を飾るのに使われていたことが名前の由来。
クローバーの葉に似た形が特徴的な結び方です。
和風やシノワーズ風に仕上げたいときにおすすめのリボンワーク。
リボンよりも紐やコードが向いています。

CHAPTER 4
7
RIBBON WORK ARRANGEMENT

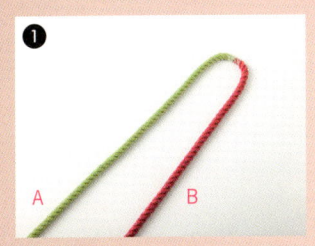

[HOW TO MAKE]

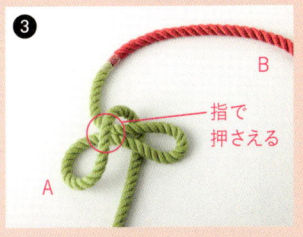

❶ 左側の紐をA、右側をBとし、紐を中央で2つに折る。

❷ 中央から2〜3cmでAを横に2つに折り、輪を作る。

❸ Aを前から後ろにくぐらせ、重なり部分は指で押さえる。

指で押さえる

❹ Bの紐の先端を上にして2つ折りにして輪の中に差し込む。Bの紐の先端を矢印のように右から左へ通す。

❺ ④のBの紐を折り返して輪の中へ左から右へ通す。

❻ 矢印の方向へ手で丁寧に引き締める。

❼ 全体のゆるみを少しずつ紐の先端へ送り輪の大きさが揃うように引き締め、全体の形を整える。

CHAPTER 4 — RIBBON WORK ARRANGEMENT

7

投げ縄結び

もともとはカウボーイが
馬に乗ったまま子牛に縄を投げて、
捕まえるために使われていた結び方です。
輪がかかってから紐を引くと輪が締まります。
後からゆるむことが少ないテクニック。
実用性の高いリボンワークです。

[HOW TO MAKE]

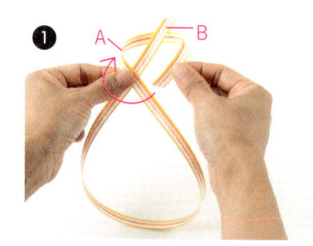

❶ リボンで写真のような大きな輪を作り、リボンが交差するところはAを上に重ねる。Aの先端を交差している部分に1周させ輪を作る。

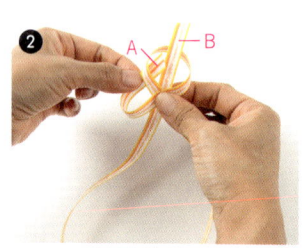

❷ ①でできた輪の中に、Aの先端をくぐらせる。

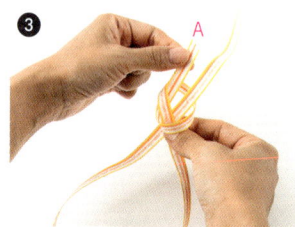

❸ ②をそのまま引く。これが投げ縄の状態。

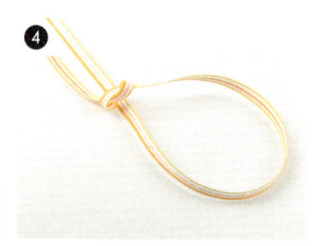

❹ ③の大きな輪の中に結びたいものを入れ、矢印のリボンを引くと引き締まる。

[Teacher's Memo]　投げ縄結び

写真は投げ縄結びでしっかり引き締めたあと、片輪結びで仕上げています。このように投げ縄結びのあとに別のリボンワークをするのがおすすめです。

CHAPTER 4　RIBBON WORK ARRANGEMENT

これを使えば見本通りに作品が制作できる

資材一覧

本書で使用したペーパー、リボンは、東京リボンで入手可能です。（一部商品を除く）
資材提供／東京リボン株式会社　http://www.tokyoribbon.co.jp/

CHAPTER1

[P.10]ワックスペーパーで包む
ペーパー（コミックS #27メロン）、ワイヤー入りリボン（SUラフベーシック 38mm #25）、デコレーションリボン（デコルーファリーフ 25mm #1）

[P.13]ストライプのフィルムで包む
フィルム（OP40モノクローム#2ストライプ）、リボン（900サテンS 18mm #53）

[P.16]不織布のシートで包む
不織布（ローヴシート 30cm×30cm #37）、リボン（パピエ・ストライプ 10mm #1シトラス）

[P.18]不織布のシートで包む
不織布（ローヴシート 30cm×30cm #36、#67）

[P.19]和紙で包む
ペーパー（麻入落水紙 #56ナチュラル）、ワイヤー入りリボン（SUラシットリーフ 63mm #2マスタード）

[P.22]ネットとフィルムで包む
ネット（ネイティブ・ガーデン #56ナチュラルホワイト）、リボン（エクセル・水玉 18mm #20）、スケルトンリーフ（ラバースケルトンナチュラルM #56ナチュラル・ラバースケルトンカラーM# 29グリーン）

[P.25]ドット柄のフィルムで包む
フィルム（HDP40ポルカドット #5アップルグリーン）、リボン（バリアスドット 16mm #10イエロー／BW、バリアスドット22mm #10イエロー／BW、マザーズデー・グログラン 13mm #28オフホワイト）

[P.28]メタリックのフィルムで包む
フィルム（ミラーロール #2ピンク）、ワイヤー入りリボン（S.U.ノベルチェック #2）、リボン（マザーズデー・グログラン 13mm #28オフホワイト）

[P.30]不織布とメタリックフィルムで包む
不織布（アルジャン #17）、フィルム（ミラーロール #8ブラウン）、ワイヤー入りリボン（S.U.ツートンツートン 38mm #43）、カーリングリボン（ノーチェ・G 10mm #67）、カード（CD/Fギフトカード #11）、シール（WS/メッセージ #3ブラウン）

CHAPTER2

[P.38]形が崩れにくいフィルムの包み方［あて板を使って］
不織布（モードライン #1シャンパンホワイト）、フィルム（OPリファイン 43cmφ #5フレッシュグリーン、OPロール#/50）、ゴムリボン（GR-レーシア/ツートン 12mm #12レモン／オリーブ）、リボン（プチドット 9mm #5）

[P.42]スチレンボードでのあて板作り
ペーパー（WAXペンシルチェック #1エッグ＆ピンク）

[P.43]スチレンボードとカラーサンドでのあて板作り
ペーパー（バークイン<Ⅲ> #17ピンク、#21ライトクリーム）

[P.44]和風あて板1
ペーパー（ゴールデン雲龍<Ⅱ> #3アカ、麻入落水紙 #1ホワイト）、リボン（いちまつ 18mm #17すみいろ、#67えんじ）

[P.44]和風あて板2
ペーパー（ゴールデンクレープR #4金／なす）、リボン（いちまつ 18mm #17すみいろ、エクセル・ジャポン 18mm #10扇）

[P.44] 小さなあて板

フィルム（HDP40バロック #33 ベージュ）

[P.45] 小さなあて板を使った持ち運べるラッピング

テグス入りリボン（ノーブルオーガンジー 25mm #64）、デザイナーズリボン（スティーム 60mm #2クリーム）

[P.47] あて板で持ち運びしやすいリースラッピング

ワイヤー入りリボン（SUリプル 63mm #1）、ゴムリボン（GR・フルメタル 8mm #3ホワイトゴールド）、リボン（リネン・ベーシックストライプ 18mm #03）、コード（リネン・コードツイスト 3mm #03）、シール付きハンドル（クイックハンドル #101クリアホワイト）

[P.50] ディスプレーできるリースラッピング

フィルム（HDP40バロック #25ショコラ）、リボン（コットン・クリスマス 約11mm #1レッド）、ワイヤー入りリボン（SUノルディックスノー 63mm #5）

[P.53] 枕花を包む

ペーパー（ピスクレープ #15スミレ／グレー）、リボン（900サテンS 36mm #47）

[P.56] バッグを使って包む

バッグ（OPバッグジャーナル M #21チャコール）、デザイナーズリボン（フィフティーンシャニー 36mm #102、コンフィ 10mm #3）

[P.58] ラミネート加工の不織布で包む

不織布（ムーンライト・N #3）、リボン（リネン・アーガイル 16mm #3）、カード（プライスカード M #3ピスタチオ）

[P.60] 手ぬぐいで包む

コード（金打京組紐 約3.5mm #4）、リボン（さざなみ 18mm #15なすこん）

[P.63] 葉物で包む

リボン（リネン・ボールド 22mm #06）、クリップ（クリップ 木の実 #2ブルーベリー）

CHAPTER3

[P.70] [A] バッグで作るコサージュケース

バッグ（センテンスバッグ L 21cm×30cm）、リボン（デュオカラー 10mm #164）

[P.70] [B] OPフィルムで作るコサージュケース

フィルム（OPロール #/50 50cm）、コード（セラコード 2mm #33）

[P.74] リボンで楽しむハロウィン

デコレーションリボン（デコハッピーハロウィン 38mm #1オレンジ、デコ ハロウィンサークル 38mm #2ブラック）、リボン（プレジール 22mm #17）、クリップ（クリップぼんてんキャラ #4パンプキン）、タイ（スティックトリック #1）

[P.77] ラウンドボックスを包む

フィルム（ミラーロール #4レッド）、デコレーションリボン（デコ ハートライン 25mm #2マゼンタ）、リボン（フラワーバレンタインリボン12 12mm #34）

[P.79] ギフト券を包む

ペーパー（エッフェルクレープ #3 ローズピンク／ホワイト）、リボン（リネン・ステッチ 8mm #7）

[P.79]ギフト券を包む
ペーパー(ゴールデン雲龍<Ⅱ> #5クロ、麻入落水紙 #1ホワイト、バークイン<Ⅲ>#17ピンク)、リボン(エクセル・ジャポン 18mm #5折り鶴/赤)

[P.79]ギフト券を包む
ペーパー(WAXワードワールド #2ブラック)、リボン(リネン・ヘリンボーン 10mm #3)

[P.81]フラワーベースを包む1
ペーパー(ポルカドット #3ライラック、フラワーローヴ #63)、リボン(マカロンステッチ 15mm #2、#6)、モール(25cm #10シェルピンク)

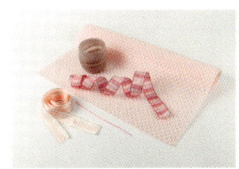

[P.84]フラワーベースを包む2
ワイヤー入リリボン(S.U.ステッチライン 38mm #1、S.U.ノベルチェック 38mm #2)、モール(25cm #10シェルピンク)

[P.87]ハンバーガーペーパーで包む
ペーパー(WAXワードワールド #3チョコレート)、コード(ペーパーラフィア・W #21ウッド&ワイン)

[P.87]ハンバーガーペーパーで包む
ペーパー(レースサークルラミ #163ホワイト×ピンク)、フィルム(OP40ハート #2ピンク)

[P.87]ハンバーガーペーパーで包む
ペーパー(WAXワードワールド #2ブラック)、カーリングリボン(ノーチェ・G 10mm #62)

[P.89]バラで包む
不織布(ダ・カーポ #5)、リボン(マカロンステッチ 15mm #6)

[P.91]ボトルを包む1
ネット(ネイティブ・ガーデン #36シトラスイエロー)、バッグ(センテンスバッグ W 16cm×40cm)、リボン(コンチネント 24mm #1)

[P.94]ボトルを包む2
不織布(ミスティカラーズ<Ⅰ> #3ピンク/グリーン)、リボン(グリッターストライプ 12mm #3、コンチネント 24mm #1)

CHAPTER4

[P.100]パーツに使える蝶結び2
リボン(デューク・S 9mm #1ピンク/ブラック)

[P.101]パーツに使える蝶結び1
リボン(デューク・S 9mm #16アクア/ライトイエロー)

[P.102]差し込みリボン
リボン(900サテンS 36mm #43、エクセルサテン 18mm #3)

[P.102]差し込みリボン
リボン(DSサテン 24mm #3オールドローズ、エクセルサテン 12mm #3)

[P.102]差し込みリボン
ワイヤー入リリボン(SUシャーベットオーガンジー 38mm #2)、リボン(マカロンステッチ 15mm #6)

[.P103]クラウン結び
リボン(DSサテン 24mm #3オールドローズ)

[P.104]コマ結び
リボン(リネン・トリコロール 18mm #1)

[P.105]ダブル縦リボン
ワイヤー入リリボン(SUシャーベットオーガンジー 38mm #2)

[P.106]几帳結び
コード(フレンチコード 6mm #6、#31)

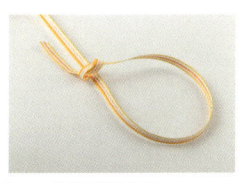

[P.108]投げ縄結び
リボン(パピエ・ストライプ 10mm #1シトラス)

著者　林芳久　Yoshihisa Hayashi

花の現場で役に立つフラワーラッピングなどを全国でデモンストレーションするなど活躍中のラッピングコーディネーター。ラッピングメーカー「アニマート株式会社」代表取締役社長。「実践現場主義」「営利的有料ラッピング」「店舗ディスプレーによる商品構成作り」などのテーマでビジネスにつながるラッピングを提案し続けている。著書に『実践フラワーラッピング』（誠文堂新光社刊）。

制作協力	矢嶋佐代［東京リボン株式会社］・渡辺千賀子［エバーグリーン］
資材提供	東京リボン株式会社
アートディレクション	千葉隆道［MICHI GRAPHIC］
デザイン	千葉隆道・兼沢晴代
撮影	徳田悟
編集	櫻井純子［Flow］

花を美しく包むテクニック
実践フラワーアレンジメントラッピング

NDC793

2014年11月14日　発行

著　者　林　芳久
発行者　小川雄一
発行所　株式会社 誠文堂新光社
　　　　〒113-0033　東京都文京区本郷3-3-11
　　　　［編集］03-5800-3616
　　　　［販売］03-5800-5780
　　　　http://www.seibundo-shinkosha.net/
印刷・製本　大日本印刷 株式会社

©2014, Yoshihisa Hayashi.
Printed in Japan

検印省略
落丁、乱丁本は、お取り替えいたします。
本書掲載記事の無断転用を禁じます。

本書のコピー、スキャン、デジタル化等の無断複製は、著作権法上での例外を除き、禁じられています。
本書を代行業者等の第三者に依頼してスキャンやデジタル化することは、たとえ個人や家庭内での利用であっても、著作権法上認められません。

R〈日本複製権センター委託出版物〉
本書を無断で複写複製（コピー）することは、著作権法上での例外を除き、禁じられています。
本書をコピーされる場合は、事前に日本複製権センター（JRRC）の許諾を受けてください。
JRRC［ http://www.jrrc.or.jp　eメール:jrrc_info@jrrc.or.jp　電話:03-3401-2382］
ISBN978-4-416-71417-1